이 시대를 빛낸 인물 시리즈 3

이호왕과 알렉산더 플레밍

• 끈기와 발견 •

이 시대를 빛낸 인물 시리즈 3 끈기와 발견

이호왕과

알렉산더 플레밍

엄예현 글 | 김태란 그림

아주 좋은 날

들어가는 말

언젠가 미국의 ABC 방송국에서 세계적으로 이름난 의료 분야 전문가 50명에게 이런 질문을 했다고 합니다. 지난 천 년 동안 인류가 이룬 의학 성과 가운데 가장 의미 있는 10가지를 뽑아 달라고요. 그들은 뭐라고 대답했을까요? 현미경 발명, 혈액 순환계의 발견, 공중 위생과 상수도, 장기 이식, 세균학, 유전자 발견, 마취, X선 발견, 백신 접종……. 듣기만 해도 고개가 끄덕여지는 것들이지요? 그렇다면 영광스러운 1위는 무엇이었을까요? 바로 항생 물질 '페니실린'의 발견이었습니다. 알렉산더 플레밍이 푸른곰팡이에서 발견한 페니실린 말이에요. 덕분에 사람들의 평균 수명이 크게 늘어났지요. 그러니 인류 건강에 가장 큰 발전을 가져온 페니실린의 발견이 1위로 뽑힌 건 당연하다는 생각이 들어요.

알렉산더 플레밍은 이렇게 대단한 발견을 했는데도 늘 겸손했습니다. 인터뷰를 할 때마다 이렇게 말하곤 했으니까요.

"페니실린을 만든 것은 제가 아닙니다. 그것은 바로 자연이지요. 다만 우연히 제가 그것을 발견했을 뿐입니다. 그리고 페니실린 주사약이 나올 수 있었던 것은 모두 플로리 교수와 체인 박사 덕분이고요."

1945년 플레밍은 페니실린을 발견한 공로로, 플로리와 체인은 페니실린을 약으로 만들어 사람들의 목숨을 구한 공로로 노벨 생리·의학상을 함께 받았습니다. 당시 학계에서는 플레밍의 페니실린 발견이 우연의 일치라고 비난하는 사람들도 있었어요. 그러자 플레밍은 노벨상 시상식 연설에서 이렇게 말했답니다.

"과학자에게 우연은 없습니다. 우연은 오직 기다리는 사람에게만 찾아오는 선물일 뿐입니다!"

우리나라에도 플레밍처럼 훌륭한 과학자가 있었습니다. 바로 이호왕 박사입니다. 이호왕 박사는 세계 최초로 신증후군 출혈열의 원인인 한탄바이러스를 발견하고, 진단법과 백신을 개발해 수많은 사람의 생명을 구한 바이러스 연구의 대가랍니다. 경기도 동두천의 한탄강 유역에서 채집한 등줄쥐의 폐 조직에서 신증후군 출혈열 바이러스의 존재를 발견했지요. 노벨상을 받은 과학자들도 하지 못한 일을 대한민국의 이호왕 박사가 해낸 거예요.

이호왕 박사는 이런 생각을 했어요.

'어쩌면 등줄쥐의 폐에 주목해야 한다는 생각은 한 통의 편지로부터 내게 우연히 다가온 행운일 수 있다. 그러나 우리가 준비하고 기다리고 있지 않았다면 행운은 없었을 것이다. 페니실린을 발견한 플레밍도 과학자에게 우연은 없다고 하지 않았던가! 나는 기회란 준비된 사람만이 잡을 수 있다고 말하고 싶다.'

이호왕 박사와 플레밍의 생각이 비슷하지 않나요? 1928년 플레밍이 페니실린을 발견한 해에 이호왕 박사가 태어났으니, 두 분은 인연이 깊다는 생각이 들어요. 서로 만난 적은 없지만 두 분 다 세계 최초의 발견을 했으니까요. 지구의 반대편에 살았지만 연구에 대한 열정과 노력, 인류의 건강과 생활에 기여하고 싶어하는 마음은 비슷한 것 같아요.

여러분도 플레밍과 이호왕 박사처럼 주의 깊게 관찰하고 포기하지 않고 끊임없이 연구한다면 사람들에게 널리 도움이 되는 그 무엇인가를 발견하게 될 거예요. 작은 일도 큰 변화를 만들 수 있거든요. 비록 어리더라도 세상을 변화시킬 수 있다는 사실을 잊지 말아요. 여러분이 바로 이 시대를 빛내는 인물이 될 테니까요!

차례

알렉산더 플레밍 • 74

이　　호　　왕

장수돌이와 새로운 꿈

"으아앙!"

우렁찬 울음소리가 온 동네에 울려 퍼졌습니다. 1928년 10월 26일, 함경남도 신흥에서 한 아기가 태어났어요. 쌀과 비료를 파는 가게 주인 이씨 부부의 아들이었지요. 이씨 부부는 칠 남매 중 셋째 아들로 태어난 아기에게 우렁찬 울음소리에 맞는 '호왕'이라는 이름을 짓고 기뻐하였습니다.

어머니는 아기가 건강하게 잘 자랄지 궁금해서 동네의 유명한 사주쟁이를 찾아갔습니다. 사주쟁이는 고개를 가로저으며 말했습니다.

"어린 시절을 잘 넘겨야 해. 그렇지 않으면……."

깜짝 놀란 어머니는 아들을 '호왕'이라는 이름 대신 '장수돌이'라고 부르기 시작했습니다. 아들이 별 탈 없이 건강하게 잘 자라길 바라는 마음이었지요. 옛날에는 건강히 오래 살기를 바라는 마음에 '순동이', '개똥이', '복실이' 등 어려서는 막 부르는 이름으로 부르기도 했었어요. 하지만 자라나는 아이들이 으레

그렇듯, 호왕 또한 위험한 고비를 만나기도 했습니다.

어느 날, 장마철 폭우에 마을의 둑이 무너졌습니다. 순식간에 벌어진 일이었어요. 하필이면 그 옆을 지나던 호왕이 흙더미에 깔리고 말았습니다. 다행히 호왕은 어른들 눈에 띄어 살아날 수 있었습니다. 그날 이후 호왕은 큰 탈 없이 튼튼하고 건강하게 잘 자랐습니다.

호왕은 공부보다는 제기차기와 운동을 좋아하는 개구쟁이였습니다. 제기차기를 얼마나 잘하는지, 20분 동안 한 번도 떨어뜨리지 않을 정도였습니다.

"장수돌이야, 공부 좀 해라. 제기차기로 1등 할래?"

놀다가 늦게 들어오는 날이면 늘 어머니께 꾸지람을 들어야 했습니다. 어머니는 호왕이가 공부를 잘하길 바랐습니다. 아들에 대한 기대가 컸기 때문입니다.

어머니와 달리 친구들은 호왕이 운동선수가 될 거라며 부러워했습니다. 호왕의 운동 실력은 남들보다 유난히 뛰어났거든요. 철봉이면 철봉, 달리기면 달리기, 씨름이면 씨름, 운동이라면 뭐든 척척 해냈습니다. 거기다 매일 연습까지 했으니 친구들이 그렇게 생각하는 건 당연한 일이었습니다. 운동회 날이 되면 날다람쥐 같은 호왕의 몸놀림에 모두 감탄했습니다. 하지만 호왕은 의외로 커서 무엇이 되고 싶은지 잘 몰랐습니다. 축구 선수가 되고 싶기도 하고 소설가가 되고 싶은 마음도 있었기 때문입니다. 운동뿐만 아니라 이야기를 짓는 것도 좋아했으니까요.

그런데 부모님은 다른 생각을 하고 계셨습니다. 아버지는 호왕이 일찍부터 장사를 시작해서 크게 성공하길 바랐습니다.

"호왕이 넌 장사를 하거라. 성냥 공장을 하는 박씨를 봐. 가방끈은 짧아도 큰 부자가 되지 않았느냐?"

"장사라니요? 우리 호왕이는 의사가 될 아이라고요!"

어머니가 목소리를 높였습니다. 시골 한의사의 외동딸이었던 어머니는 호왕이 외할아버지처럼 의사가 되길 바랐습니다. 평소의 어머니였다면 아버지 말씀에 따랐을 거예요. 하지만 호왕의 장래에 관한 문제는 쉽게 물러서지 않았습니다.

'후유……. 왜 하필 의사야. 다른 걸 바라시지.'

호왕은 어머니의 바람대로 그 일을 잘 해낼 자신이 없었습니다. 의사가 될 만큼 공부를 잘하지도, 딱히 좋아하지도 않았거든요. 매일 제기차기 연습하랴, 축구하랴, 이런저런 운동을 하느라 바빴으니까요. 그런데 호왕 자신도 놀랄 일이 생겼습니다. 중학교 입학시험을 준비하면서 성적이 오르자 공부가 재미있어지기 시작한 것입니다.

'틀린 문제가 줄어드니까 신이 나는걸.'

호왕은 자신도 모르는 사이에 공부하는 재미에 푹 빠졌습니다. 일요일이 되면 뒷산에 올라가곤 했는데, 그때도 영어책을 들고 갈 정도였습니다. 풀밭에 누워 있으면 하늘이 마치 커다란 칠판처럼 보였습니다. 호왕은 부지런히 하늘 칠판에 영어 단어를 적었습니다. 그런데 갑자기 먹구름이 몰려오더니 힘들게 쓴 영어 단어를 싹 지워 버렸습니다. 호왕은 한숨이 나왔습니다. 그 당시 우리나라는 일본의 지배를 받고 있었는데, 일본이 먹구름처럼 달려들던 때였습니다. 그러니 희망찬 미래를 꿈꾸기 쉽지 않았지요.

'그래도 열심히 공부해야지. 이럴수록 실력을 다져놓아야 언젠가 나라에 도움이 될 수 있을 거야.'

호왕은 어수선한 마음을 다잡고 다시 공부에 집중했습니다.

시간이 흘러 이호왕은 어머니의 바람대로 함흥 의과 대학에 합격했습니다. 어머니는 너무 좋아 덩실덩실 춤을 추셨습니다.

"장수돌이가 큰일을 해냈구나! 어찌 이리도 대견할까!"

하지만 행복한 시절은 그리 오래가지 않았습니다. 1945년 8월 15일에 우리나라가 해방됐지만, 이호왕의 집은 날로 어려워졌습니다. 이호왕이 나고 자란 함흥은 일제강점기가 끝난 뒤 북한의 공산주의 체제 아래 들어갔는데, 공산당은 재산이 있는 지주들의 땅과 재산을 온갖 이유로 빼앗았거든요. 그 바람에 손에 꼽히는 부자였던 이호왕의 집안 형편은 견디기 힘들 정도로 나빠졌습니다.

1950년 6·25 전쟁이 일어나자 이호왕의 부모님은 자식들을 차례로 남한으로 내려보냈습니다. 이호왕도 1951년에 가진 것 하나 없이 남한으로 내려왔지요. 하지만 공부에 대한 열정은 그 누구보다 강했습니다.

'어머니의 뜻을 생각해서라도 의학 공부를 계속해야지.'

이호왕은 함흥 의과 대학에 이어 서울대학교 의과 대학에 들어갔습니다. 그런데 안타깝게도 부모님과 누이들은 미처 남한으로 내려오지 못했습니다. 그 바람에 이호왕은 북한에 남아 있던 가족들과 생이별을 하게 되었어요. 결국 어머니는 이호왕이 멋진 의사가 되어 큰 공을 세우는 것을 보지 못하셨습니다.

그때, 이호왕보다 먼저 남한으로 내려온 작은형은 군인이었습니다. 많지 않은 군인 월급으로 이호왕의 학비를 대고 생활비까지 해결했기 때문에 생활은 늘 빠듯했습니다. 이호왕은 점심을 거르기 일쑤였지만, 작은형의 고마움에 보답하고자 열심히 공부했습니다. 그런데 전쟁 중이라 모든 것이 쉽지 않았습니다. 대학 강의실이 파괴되어 학교 수업이 제대로 이뤄질 수 없었습니다.

매일 머리 위로 포탄이 떨어질지도 모른다는 불안감에 사람들은 최대한 멀리 피난을 가려고 부산으로 몰렸습니다. 이호왕도 부산으로 피난을 갔습니다. 그때 부산에는 전쟁 중에도 공부할 수 있도록 전시연합대학이 세워졌습니다. 말 그대로 전쟁이 일어난 후 여러 대학이 함께 학생들을 가르치는 통합 학교였지요. 학생들은 운동장에 임시로 세운 막사에서 교재도 없이 교수님이 불러 주는 것을 받아 적고 익히며 시험을 치렀습니다.

이호왕은 그곳에서 평생 스승으로 모셨던 기용숙 교수님을 만났습니다. 기 교수님은 미생물학 분야에서 이름을 날리는 학자였지만, 학생들에게는 괴짜로 통했습니다. 기 교수님은 대충대충 공부하는 학생들을 절대 봐주지 않았습니다. 재시험을 보는 학생들이 80퍼센트에 달할 정도로 깐깐하게 공부시키기로 유명했어요.

"그것도 몰라? 그럼 환자 치료도 대강대강 할 셈인가!"

질문에 제대로 대답하지 못하는 학생에겐 호통치기 일쑤였습니다. 아무리 전쟁 중이라고 해도 기 교수님에게는 통하지 않았습니다.

"교수님은 정말 너무 괴팍하셔. 실수도 봐주시는 법이 없다니까."

학생들은 꼬장꼬장한 기 교수님을 멀리했어요. 수업 방식도 학생들을 힘들게 했지요. 당시 대부분의 수업은 학생들이 수업 내용을 받아쓰는 것이 보통이었는데, 기 교수님은 달랐습니다. 묻고, 생각하고, 답하는 형식이었어요. 그렇기에 깊이 공부하고 생각하지 않으면 대답할 수 없는 질문들이 많았습니다.

'교수님 수업을 따라가려면 열심히 할 수밖에 없어.'

이호왕은 기 교수님의 수업 방식이 좋았습니다. 기 교수님을 통해 학문의 즐거움을 느끼기 시작한 것입니다. 게다가 매사에 철저하셨기 때문에 믿고 따르기만 하면 될 것 같았습니다.

기 교수님은 자신이 옳다고 생각하면 그대로 행동으로 옮기는 분이었습니다. 교수님은 1949년부터 미국 피츠버그 의대에서 공부하셨는데, 6·25 전쟁이 나자 오히려 스스로 귀국하셨습니다. 그러고는 부산 검역소에서 복무하며 해외에서 오는 선박이 항구로 들어오면 검역하는 일을 하셨습니다. 전염병을 막기 위해 꼭 필요한 작업이었습니다. 전쟁으로 고통받는 조국을 위해 조금이라도 보탬이 되고 싶으셨던 것이지요.

'교수님은 대단한 애국자셔. 그래서 더 존경스러워.'

기 교수님의 애국심에 이호왕은 감동할 수밖에 없었습니다.

부산에서 2년을 공부한 이호왕은 전쟁이 끝나자 서울로 돌아왔습니다. 전쟁이 휩쓸고 지나간 자리는 그야말로 처참했습니다. 병원마다 천연두는 물론이고 일본 뇌염, 발진티푸스, 말라리아 등 전염병 환자들이 넘쳐났어요. 포로수용소 안에 있던 병원에서 실습하던 이호왕은 그런 상황들이 너무 안타까웠습니다.

지금이라면 쉽게 고쳤을 병들도 그때는 목숨을 걸어야 할 정도로 심각한 병이었습니다. 먹을 것이 부족해 영양 상태도 안 좋았고, 제대로 씻을 수가 없으니 작은 상처도 쉽게 덧나고 약은 부족하여 병이 깊어지기 일쑤였습니다.

'제대로 씻고, 뭐라도 잘 먹고, 약을 쓰면 금방 나을 사람들인데…….'

전염병 환자들이 죽어 가는 모습은 이호왕에게 큰 고통이었습니다. 그들을 도울 수 있는 일이라면 공부든 뭐든 할 수 있을 것 같았지요.

'그래, 전염병을 알기 위해서는 미생물학 공부가 먼저야.'

이호왕은 의과 대학을 졸업하고 병원에서 일하는 대신 대학원에 진학했습니다. 그런 다음, 미생물 분야의 권위자이신 기 교수님 밑에서 조교로 열심히 배웠지요. 특히 전염병을 일으키는 미생물에 대해 좀 더 집중해 공부하기로 마음먹었습니다. 여전히 점심을 굶어야 할 정도로 궁핍했지만, 실험실에서 꼬박 밤을 새우며 공부하는 것이 즐거웠습니다.

조교 시절 이호왕에게 맡겨진 가장 중요한 일은 세균이 자랄 수 있는 배지(식물이나 세균, 배양 세포등을 기르는 데 필요한 영양소가 들어 있는 액체나 고체)를 만드는 일이었습니다. 학생들이 실습 시간에 사용할 것이라서 철저히 멸균 과정(세균 등의 미생물을 없애는 과정)을 거쳐야 했습니다. 원칙주의자였던 이호왕은 배지를 만들 때도 빈틈없이 준비했습니다. 그래서 이호왕의 배지는 늘 맑고 투명했습니다. 하지만 동료 조교가 급하게 만든 배지는 뿌옇고 혼탁했습니다. 제대로 멸균하지 않아서 잡균이 증식한 것이지요.

"규칙대로 멸균한 거 맞아?"

기 교수님이 따져 묻자 동료 조교는 제대로 했다고 둘러댔습니다. 이런저런 핑계를 대면서요. 그러자 기 교수님이 엄하게 나무랐습니다.

"연구하는 학자는 누구보다 정직해야 하네. 학문에 있어서 거짓은 들통나기 마련이야."

기 교수님의 가르침은 이호왕에게 평생 큰 교훈이 되었습니다.

그런데, 무슨 일을 하든 기본이 충실한 이호왕에게 생각지도 못한 기회가 찾아왔습니다. 1955년 9월에 기 교수님의 추천으로 미국의 미네소타대학교로 유학을 떠나게 된 것입니다. 미국 국무성에서 전쟁으로 어려움을 겪고 있는 우리나라를 돕기 위해 마련한 프로젝트에 뽑힌 것이지요. 스물여덟 살이었던 이호왕은 당시 의학이 앞서가는 미국에서 공부할 수 있는 기회가 왔다는 사실이 믿기지 않았어요. 부푼 마음을 안고 함께 선발된 조교들, 그리고 교수님들과 함께 미국행 비행기를 탔습니다. 마치 꿈을 꾸고 있는 것만 같았습니다.

낯선 땅에서 이룬 성공

유학 생활은 그리 순탄하지 않았습니다. 생전 처음 하는 외국 생활인 데다 서투른 영어 실력이 문제였습니다. 출국 전에 두 달간 서울대학교 어학당에서 영어 공부를 했지만, 자유로운 대화를 할 정도는 아니었습니다. 짧은 영어 실력으로는 칠판 글씨만 이해되는 정도였고, 교수님들이 무슨 말을 하는지 전혀 알아들을 수 없었습니다.

어느 날, 수업 시간에 맞춰 강의실로 갔는데 어쩐 일인지 강의실이 텅 비어 있었습니다.

'10분이 지났는데 왜 아무도 안 오지?'

담당 교수는 물론이고 학생들도 나타나지 않았습니다. 일주일 전에 수업을 쉰다고 미리 알린 교수님의 말을 알아듣지 못해서 생긴 일이었어요. 그런 상황이었으니 미국에 함께 온 동료들과 더 가까워질 수밖에 없었습니다. 틈만 나면 한국 사람들끼리 모이다 보니 영어가 점점 더 낯설게만 느껴졌습니다. 그렇게 시간이 흐르자, 이호왕은 불현듯 겁이 났습니다.

'이러다 큰일 나겠어. 아무것도 배우지 못한 채 돌아갈 수는 없지!'

마음을 굳게 다잡은 이호왕은 같은 수업을 듣는 미국 학생의 노트를 빌렸습니다. 주로 금요일 저녁에 빌려 와 주말 동안 꼼짝하지 않고 옮겨 적었습니다. 그리고 그것을 달달 외웠어요. 이호왕의 노력이 통했는지 중간 시험에서 좋은 성적을 받을 수 있었지요. 노트를 빌려준 미국 학생보다 시험을 더 잘 본 거예요.

"호왕! 내 공책이 마법을 부렸군!"

미국인 친구는 부러워하면서 축하해 주었습니다.

이호왕은 고마운 친구 덕분에 조금씩 미국 생활에 적응하기 시작했습니다.

1956년 어느 봄날, 시버튼 교수가 이호왕을 불렀습니다. 소아마비 바이러스 연구의 세계적인 권위자인 시버튼 교수는 미네소타 의대 미생물학 교실의 주임 교수이자 이호왕의 지도 교수였습니다.

"석사 학위 논문 주제로 일본 뇌염 바이러스를 연구해 보게.

그게 자네가 조국의 발전을 위해 할 수 있는 일이야. 또 자네라면 잘할 수 있는 일이고 말일세."

미국과 달리 한국에서 일본 뇌염이 유행하고 있으니 조국을 위해 연구하라는 것이었어요. 그때 한국에서는 일본 뇌염 모기에 물려 죽는 사람들이 아주 많았습니다. 말 그대로 공포의 전염병이었지요. 그것만 해결된다면 많은 사람의 목숨을 구할 수 있을 터였습니다. 하지만 문제가 있었습니다. 연구 주제가 이호왕에게 익숙한 세균이 아니라 바이러스였기 때문입니다. 당시에는 한국인으로서 바이러스를 연구해 성과를 낸 사람이 아무도 없었습니다.

'난 바이러스에 대해 아는 게 없는데…….'

하지만 병원 실습생 시절, 전염병으로 죽어 가던 사람들의 얼굴이 떠올랐습니다. 그러자 저절로 고개가 끄덕여졌지요.

"네, 교수님. 한번 해 보겠습니다."

그렇게 이호왕은 바이러스 연구에 뛰어들었습니다. 다른 사람의 조언으로 시작한 일이지만 운명이라고 받아들였습니다. 예상한 대로 쉽지는 않았습니다. 일본 뇌염을 연구하려면 먼저

뇌염 바이러스를 잘 키워야 했습니다. 그런데 보통 세포에서는 뇌염 바이러스가 잘 자라지 않았어요. 오로지 태반에 싸인 새끼 돼지의 콩팥에서만 기를 수 있었습니다. 매우 까다로운 조건이었지요. 실험 재료가 나쁘면 아무리 노력해도 잘못된 결과가 나올 수밖에 없으니 더 신경이 쓰였습니다.

'연구를 위해서라면 어디든 갈 수 있지!'

이호왕은 월요일 아침마다 자동차로 40분 거리에 있는 도축장을 찾아갔습니다. 그곳에서 버려지는 태어나기 직전의 돼지 태아를 구해 와 실험을 하였어요. 다행히 뇌염 바이러스는 안정적으로 잘 자랐습니다. 마침내 이호왕은 세계 최초로 돼지 태아 콩팥 세포에서 뇌염 바이러스를 기르는 데 성공했습니다. 실험실에서 밤을 새워 가며 연구한 결과는 석사 논문의 한 글자 한 글자가 되었습니다.

늘 잠이 부족한 날들이어서 주말에는 쉬어야 했지만 그럴 수 없었습니다. 왜냐하면 여러 단체와 미국 가정에서 이호왕을 초대했는데 고맙기도 하고 궁금하기도 해서 따라갔기 때문이었어요.

"한국에도 자동차가 있습니까?"

"한국에서는 쌀과 야채만 먹나요? 어떻게 고기를 먹지 않고 힘을 낼 수 있지요?"

질문을 받을 때마다 가난한 나라에서 왔다고 무시를 당하는 것처럼 느껴졌습니다. 자존심이 상한 이호왕은 오기가 생겨 밤을 새워 공부했습니다. 실력으로 매운맛을 보여 주고 싶었지요.

"호왕! 98점이라니! 최고예요!"

미생물학 교수님이 침이 마르도록 이호왕을 칭찬했습니다. 사실 이호왕이 최고 점수를 받을 수 있었던 이유는 부족한 영어 실력 때문이었어요. 시험 문제가 '여러 종류의 세균 분리에 관해 서술하라'였는데 영어 문장으로 표현할 자신이 없었습니다. 그래서 간결하게 도표를 그리고 설명을 덧붙였는데, 그것이 눈에 띄었던 것이지요.

'부족함이 오히려 도움이 됐구나.'

이호왕의 열등감은 서서히 자신감으로 바뀌기 시작했습니다. 그러자 뜻하지 않은 행운까지 찾아왔습니다. 교수 회의에서 이호왕이 박사 과정에 들어갈 수 있도록 한국 정부에 추천한 것입니다. 원래 조교들은 2년 과정의 석사 과정을 마치면 귀국해야 하는 상황이었어요.

경사는 겹쳐 온다더니 1958년, 이호왕의 석사 논문이 미국의 권위 있는 의학 잡지 〈프로시딩스 오브 익스페리멘탈 메디신 앤드 바이올로지〉에 실렸습니다. 이호왕은 물론이고 한국인들에게도 큰 자랑거리였습니다.

그러나 박사 과정은 시작부터 순탄치 않았습니다. 지도 교수가 시버튼 교수에서 쉬러 교수로 바뀌었기 때문입니다. 쉬러 교수는 일본 뇌염 바이러스를 연구한 바이러스 학자였습니다. 시버튼 교수는 쉬러 교수가 부교수로 부임하자마자 이호왕을 그의 연구실로 보냈습니다. 이호왕의 연구 주제와 쉬러 교수의 전공이 딱 맞는다고 생각했기 때문이었어요. 하지만 젊고 야심을 가진 쉬러 교수는 까다롭고 깐깐하기가 이루 말할 수 없었습니다.

"닥터 리! 이게 뭡니까? 다시 하세요!"

어느 날 이호왕의 실험 기록을 본 쉬러 교수가 호통을 쳤습니다. 기록이 부실하다는 이유였어요. 누구라도 기록만 보면 어떤 방식으로 연구했고, 어떤 결과가 나왔는지를 알아야 한다는 것이었습니다. 그런데 이호왕의 실험 노트에는 세세한 과정보다는 결과만 간단히 적혀 있었습니다. 이호왕은 다시

LABORATORY
professor S.R.

보완했지만 쉬러 교수의 기준엔 여전히 부족해 보였습니다.

“쯧쯧, 이게 최선입니까? 일주일간 연구실 문을 닫겠습니다!”

쉬러 교수는 혀를 끌끌 찼습니다. 이호왕은 수치심에 모든 것을 포기하고 싶었습니다. 실험실을 빼앗긴다는 건 그만두라는 말이나 마찬가지였으니까요.

‘내가 지금 박사 과정을 포기한다면 그게 더 부끄러운 일이지!’

이호왕은 이를 악물고 실험 노트를 다시 깔끔하게 정리했습니다. 그제야 쉬러 교수는 웃으며 실험실을 열어 주었습니다. 쉬러 교수의 혹독한 지적으로 이호왕은 학자에겐 무엇보다 중요한 연구 내용의 기술 방법을 배울 수 있었습니다. 덕분에 원숭이를 대상으로 실험한 박사 논문도 잘 준비할 수 있었습니다.

밤낮으로 눈코 뜰 새 없이 바쁘게 연구에만 집중하던 이호왕에게 어려움이 찾아왔습니다. 세균신진대사학 시험에서 낮은 점수를 받았기 때문입니다. 필수 과목이라서 80점 이상을 받아야만 박사 논문을 제출할 수 있었는데, 중간 시험에서 76점을 받은 것입니다.

'이거 큰일이네. 기말 시험에서 84점 이상을 받지 못하면 박사 과정은 끝이야.'

이호왕은 4년만 공부할 수 있는 국비 장학생이었기 때문에 더 이상 미국에 머물 수 없었습니다. 그런데 화학에 대한 기초가 없었던 이호왕은 강의 내용을 이해할 수 없었습니다.

'그렇다면 방법은 단 하나! 교과서를 통째로 외워 버리자!'

이호왕은 한 달 반 동안 교과서의 모든 문장을 처음부터 끝까지 달달 외웠습니다. 노력한 결과는 아주 만족스러웠습니다. 기말 시험에서 93점이라는 좋은 점수를 받았으니까요. 다행히 박사 학위 논문도 무사히 제출할 수 있었습니다. 이제 논문 심사만 받으면 되는데 아주 까다로워서 안심할 수 없었습니다. 여러 명의 교수님들 앞에서 구두 시험을 봐야 했는데, 교수님들은 논문의 문장 하나도 그냥 넘어가는 법이 없었습니다. 따지듯 살피고 조금이라도 분명하지 않으면 탈락이었습니다.

논문 심사 날짜를 정하는 일도 쉽지 않았습니다. 5명의 교수님들이 모두 가능한 날이어야 하는데 시간 맞추기가 어려웠습니다.

"교수님들이 12월 13일 금요일은 다른 일정이 없으신데 괜찮

으세요?"

대학원 직원이 웃으며 조심스럽게 물었습니다.

"물론이지요! 저는 아주 좋습니다!"

이호왕은 직원에게 고맙다고 몇 번이나 인사를 했습니다. 늘 바쁜 교수님들이 하나같이 시간 여유가 있는 것이 믿기지 않았습니다. 그때까지 이호왕은 미국인들이 13일의 금요일을 불길하게 생각한다는 걸 알지 못했습니다. 게다가 12월에 있는 13일의 금요일은 아주 드물어서 최악의 불길한 날로 여긴다는 것입니다. 그래서 미국인들은 약속을 잡지 않고 그냥 집에서 쉰다는 사실도 까맣게 몰랐습니다.

논문 심사일 아침, 이호왕은 연구실에서 쉬러 교수를 만났습니다.

"닥터 리, 오늘이 무슨 날인지 알고 있나?"

"물론이지요. 제 박사 논문 심사 날입니다!"

이호왕이 큰 소리로 대답하자 쉬러 교수가 웃음을 터트렸습니다. 그러고는 13일의 금요일이 어떤 날인지 알려 주었습니다.

'아차! 내가 큰 실수를 했군. 일부러 13일을 택했다고 생각하면

큰일인데…….'

이호왕은 갑자기 정신이 아득하고 하늘이 노래지는 것만 같았습니다. 하지만 걱정과 달리 모든 질문에 완벽하게 대답했습니다. 학위 논문도 훌륭하다는 칭찬까지 받았지요. 이호왕에게 13일의 금요일은 행운의 날이었습니다.

원숭이가 일본 뇌염 바이러스에 감염되면 몸에서 어떤 변화가 일어나는지를 연구한 이호왕의 박사 학위 논문은 만장일치로 통과되었습니다. 그뿐만 아니라 이 분야에서 세계적으로 유명한 미국 면역학회지에 당당하게 실렸지요. 이호왕의 노력이 인정받는 순간이었습니다.

모처럼 여유로운 시간을 보내던 어느 날, 식료품점에 간 이호왕은 깜짝 놀랐습니다. 뜻밖에도 한국말이 들렸기 때문입니다. 목소리가 들린 곳으로 고개를 돌리니, 한국인 여성 세 명이 장을 보고 있었습니다. 반가운 마음에 다가가 인사를 했어요. 알고 보니 그들도 미네소타 프로젝트에 뽑혀 온 서울대병원 간호사들이었어요.

'한국으로 돌아갈 날이 얼마 남지 않았는데, 이런 행운이!'

이호왕은 마음이 설레었습니다. 미래의 아내가 될 김은숙을 거기서 처음 만났으니까요. 우연한 만남이 평생 이어진 것이지요. 처음 만난 순간부터 평생의 짝이 될 사람이라는 것을 느꼈습니다.

1959년 12월 21일, 이호왕은 4년 3개월 만에 미국 의학 박사가 되어 돌아왔습니다. 당시 한국인으로 미국에서 의학 박사 학위를 받은 사람은 겨우 세 명뿐이었어요. 어려서 공부에는 관심이 없고 놀기만 좋아했던 이호왕이 큰일을 해낸 것입니다.

'어머니가 계셨으면 얼마나 좋아하셨을까!'

이호왕은 마음이 벅차올랐습니다.

모기 박사의 새로운 도전

금의환향한 이호왕은 서울대학교에서 학생들을 가르치게 되었습니다. 자신감과 의욕이 넘쳐 미네소타 대학에서 배운 방식대로 학생들을 가르쳤지요. 미네소타대학교 의대 미생물학 실습

교과서를 그대로 읽게 했으며, 실습 시험을 볼 때는 새로운 세균을 주고 알아맞히게 했습니다. 학생들의 출석도 꼼꼼히 부르며 성실성까지 세세히 살폈으니 학생들에겐 호랑이 교수님이 따로 없었지요. 이호왕의 이름을 따서 이호랑 교수라고 부르는 학생들이 있을 정도였습니다. 당시 학생들은 쉽게만 공부하려는 것이 몸에 배어 있어서 이호왕의 수업 방식은 너무나도 새로운 것이었습니다.

"자신이 사용한 실험 도구는 스스로 정리하고 가세요!"

학생들이 원칙을 지키지 않으면 불호령이 떨어졌습니다. 그렇게 학생들을 가르치는 일도 이호왕은 보람되고 만족스러웠습니다. 하지만 이호왕의 가슴속엔 연구에 대한 불씨가 남아 있어서 타오르기만 기다리고 있었습니다.

'일본 뇌염 바이러스를 계속 연구하고 싶은데 방법이 없을까?'

조금 더 노력하면 일본 뇌염을 예방할 수 있다는 희망이 있었습니다. 그런데 연구 결과는 한 번에 나오는 것이 아니기 때문에 수없이 많은 실험을 거쳐야 했습니다.

'연구비를 어디서 구한단 말인가?'

세균과 바이러스를 연구하려면 성능이 뛰어난 실험 도구가 필요한데, 우리나라에는 그 비용을 지원할 수 있는 곳이 없었습니다. 당장 먹고살기에 급급한 시절이었으니 그럴 만도 했지요. 그렇다고 현실을 탓하며 세월만 보낼 수는 없었습니다. 시작도 하기 전에 포기할 수는 없었으니까요.

'밑져야 본전이지. 미국 국립보건원에 연구비를 신청해 보자!'

미국 국립보건원은 연구 계획이 훌륭한 국내외 학자들에게 연구비를 지원하고 있었습니다.

사람들은 여섯 달 동안 공들여 연구 계획서를 쓰는 이호왕을 이해하지 못했습니다.

"이 교수, 왜 사서 고생을 하는 거야?"

그도 그럴 것이, 1960년대 초에 외국 학자가 이 연구비를 받기는 하늘의 별 따기보다 어려운 일이었습니다. 지원자가 많아 경쟁이 아주 심했거든요. 모두 이호왕이 어차피 안 될 일에 시간을 낭비한다고 생각했습니다. 이미 서울대 의대 교수만으로도 충분한데, 굳이 연구비를 지원받으면서까지 연구하고 싶냐며 혀를 차기도 했습니다. 아무리 그렇다고 해도 이호왕은 도전했습니다. 편하게 살려면 당시 상황으로도 충분했어요. 하지만 이호왕은 교육자보다 연구자로서 살고 싶다는 꿈을 가지고 있었습니다. 그의 가슴을 뛰게 만드는 것은 서울대 의대 교수라는 자리보다 일본 뇌염 바이러스를 해결하겠다는 꿈이었습니다.

'연구할 내용을 영어로 표현해야 하니까 한 문장 한 문장 더 신경 써야지. 그래야 연구의 필요성을 알릴 수가 있으니까…….'

이호왕은 〈한국에서의 일본 뇌염 바이러스의 월동기전〉이라는 연구 계획서를 정성껏 준비했습니다. 겨울에는 모든 모기가 사라지지만, 이듬해 여름이 되면 어떻게 다시 뇌염 바이러스 모기가 유행하는지 몰랐기 때문에 그 이유를 연구하려고 한 것이었습니다.

연구 계획서를 보낸 뒤 매일 우편함을 확인했지만 기다리는 소식은 오지 않았어요. 옆에서 지켜보던 사람들은 불가능한 일이라며 고개를 저었습니다. 일 년이 다 되어 가도록 연락이 없으니 그럴 만도 했지만 이호왕의 생각은 달랐습니다.

'지성이면 감천이라고 했으니 내가 먼저 포기하지는 말자!'

1964년 9월, 드디어 연구비를 지원하겠다는 반가운 통지가 왔습니다.

'앞으로 5년간 일본 뇌염 연구에 필요한 비용을 지원하겠습니다.'

이호왕은 편지를 읽고 또 읽었습니다. 정말 기적 같은 일이었습니다.

'힘든 일은 이제부터 시작이야. 어린이들을 위해서라도 힘을 내자!'

당시 일본 뇌염은 공포의 전염병이었습니다. 우리나라에서 1958년 한 해에만 6천여 명이 일본 뇌염에 걸렸고, 그중에서 2천여 명이 목숨을 잃었지요. 특히 어린이들이 많이 걸렸는데, 병이 낫는다고 해도 기억력이 나빠지고 잘 걷지 못하는 후유증에 시달렸습니다. 몹시 끔찍한 질병이었어요.

'이제부터 모기와 한판 승부를 펼치겠어! 내가 이기면 많은 이들이 고통에서 벗어나겠지!'

이호왕에겐 일본 뇌염을 예방할 수 있는 백신을 개발하는 것이 일생의 목표가 되었습니다. 그때부터 이호왕은 전국으로 모기를 잡으러 다녔습니다. 사람들은 이런 이호왕을 '모기 박사'라고 불렀어요.

모기를 잡으려면 특별한 방법이 필요했습니다. 처음에는 백열전구와 선풍기와 그물을 이용했어요. 해가 질 무렵, 숲속에 전구를 켜 놓고 선풍기를 틀어 놓으면 모기떼들이 불빛을 보고 몰려왔습니다. 그 뒤 모기들은 선풍기 바람에 휩쓸려 미리 쳐 놓은 그물에 걸리고 말았습니다. 그 뒤에 사용한 방법은 백열전구 대신 드라이아이스를 이용하는 것이었어요. 모기가 가장 좋아하는 냄새가 이산화 탄소인데 그걸 내뿜는 드라이아이스를 설치해 놓고, 그 앞에 그물을 쳐 놓았습니다. 그러면 밤새 5천 마리가 넘는 모기가 그물에 달라붙어 있었지요.

"이 중에서 뇌염모기만 골라냅시다!"

이호왕은 연구원들과 함께 핀셋과 돋보기를 들고 뇌염모기만 일일이 가려냈어요. 아주 지루한 작업이었지만, 그들은 아무 불평 없이 매일 같이 그 일을 반복했습니다. 그렇게 골라낸 뇌염모기를 가지고 연구에 연구를 거듭했지요. 그런데 1966년, 하늘이 무너지는 것 같은 소식이 들렸습니다.

"교수님! 일본에서 뇌염 백신을 개발했답니다. 우리보다 먼저요."

더 이상 사람들이 일본 뇌염으로 목숨을 잃지 않아도 된다는 기쁜 소식이었지만, 같은 연구에 몰두하던 이호왕과 연구진에게는 김이 빠지고 씁쓸한 일이기도 했습니다. 오직 일본 뇌염으로 고통받는 이들을 구하겠다는 한 가지 생각으로 달려온 시간이 물거품이 되는 순간이었으니까요. 열심히 연구 계획서를 써서 연구비를 지원받은 것도, 일본 뇌염 모기를 핀셋으로 일일이 골라낸 것도, 연구실에서 보낸 수많은 밤들도 의미 없는 시간이 된 것 같았습니다. 연구원들은 속상한 마음에 한숨을 쉬었습니다.

"그렇다고 다 끝난 건 아니지. 연구 경험도 쌓았고, 자네들도 있으니 실망하지 말자고!"

이호왕은 함께 고생한 연구원들을 달랬습니다. 그건 자신에게 하는 말이기도 했어요. 그동안의 연구를 되돌아보니 여러 가지

일들이 떠올랐습니다. 모두 소중한 시간이었지요.

'나는 아직 부족한 사람이야. 우물 안 개구리일 수도 있지. 그러니까 이번 기회에 한국의 연구자로서 많은 걸 보고 배워야지!'

연구비 중에는 해외 연구소 시찰 비용도 포함되어 있었습니다.

1967년, 이호왕은 한 달 동안 일본, 미국, 영국, 프랑스, 태국, 대만의 뇌염 연구 기관을 방문했습니다. 그곳에서 엄청난 규모와 수많은 연구진, 값비싼 도구들을 보기만 해도 공부가 되었습니다. 가장 놀라운 것은 지원받는 금액과 방식 자체가 한국에서는 상상도 할 수 없는 수준이라는 사실이었습니다. 당시 미국 캘리포니아대학 뇌염 연구소의 1년 예산은 서울대학교 의대 전체 1년 예산의 3배가 넘었습니다. 게다가 의학 잡지에 실린 논문을 보고 개인적으로 연구비를 지원하는 일도 있었습니다.

심지어 이호왕은 미국 유타대의 게브하르트 교수의 집을 방문했을 때 그런 행운의 순간을 목격하기도 했습니다. 이호왕과 대화를 하던 교수가 잠시 전화를 받더니 환호성을 질렀습니다.

"무슨 일인데 그러십니까?"

"제 논문을 의학 잡지에서 보고 연구비로 10만 달러를 지원하겠다는군요!"

"누가요?"

"그냥 제 논문을 보고 감명받은 친절한 후원자인 거죠!"

"세상에 이런 일이! 축하드립니다!"

이호왕은 이런 식의 지원을 상상조차 해 본 적이 없어서 신기하고 또 부러웠습니다. 그런데 따지고 보면 미국에서 이런 일이 종종 있는 건 다 이유가 있었습니다. 그만큼 연구자들이 사회의 발전을 위해 헌신했다는 증거였습니다.

'앞으로 한국에서도 이런 일이 많이 생기겠지!'

이호왕은 기분 좋은 상상을 하며 자신에게도 좋은 일이 있기를 바랐습니다.

'이제 뇌염 백신은 개발됐으니 앞으로 뭘 연구하면 좋을까?'

이호왕은 새로운 연구 주제를 찾기 위해 고민하기 시작했습니다. 그러던 중, 월터리드 미국 육군연구소를 방문했을 때 힌트를 얻었습니다. 당시 연구소의 바이러스 연구부장은 부셔 대령이었는데, 쉬러 교수에게 박사 학위를 받은 사람이었습니다.

이호왕에 이어 두 번째로 박사 학위를 받았으니 대학원 후배였던 셈이지요.

"호왕! 왜 한국에서는 유행성 출혈열을 연구하지 않죠?"

부셔 대령은 이해할 수 없다는 듯 어깨를 으쓱했습니다.

아닌 게 아니라 봄과 가을 무렵이면 우리나라의 휴전선 부근이나 들판에서 유행성 출혈열 환자들이 수없이 발생했습니다. 주로 야외에서 훈련받는 군인들과 농부들이 피해자였지요. 이 병에 걸린 사람들은 온몸이 뜨겁게 달아올랐고 머리와 배가 몹시 아팠습니다. 얼굴과 눈에는 불그스름한 반점이 생기면서 소변에 피가 섞여 나오기도 했습니다. 열 명 중 한 명은 목숨을 잃을 정도로 괴상한 병이었지요.

"우리도 한국전쟁 이후 지금까지 유행성 출혈열을 연구하고 있는데 원인을 밝히지 못하고 있어요. 호왕도 한국전쟁 때 우리 미군이 입은 엄청난 피해를 잘 알고 있지요?"

"그럼요. 전투에서 다친 부상자보다 유행성 출혈열에 걸린 미군이 더 많았잖아요."

"그로 인해 유엔군의 사기가 땅에 떨어졌었지요. 사령관실에서는 연일 대책 회의가 열리고……. 오죽하면 '한국형 출혈열'이라는 이름까지 붙였을까요?"

부셔 대령이 얼굴을 찡그렸습니다.

그렇게 치명적인 질병이었지만 아무도 병의 원인을 밝혀내지 못했습니다. 뛰어난 미국 과학자들이 엄청난 비용을 들여 연구했지만 소용없는 일이었어요. 노벨 수상자도 함께 연구에 참여하고 있었는데도 뚜렷한 성과가 보이지 않았어요.

'그래! 바로 이거야! 한국에서 유행하는 전염병이니까 한국인 학자인 내가 한국에서 연구하는 게 당연하지!'

이호왕은 새로운 도전을 하기로 마음먹었습니다. 연구 주제를 일본 뇌염에서 유행성 출혈열로 바꾸고 어떻게 연구비를 마련할지 고민하기 시작했지요.

1969년 8월, 이호왕은 유행성 출혈열의 원인을 밝히기 위한 연구 계획서를 꼼꼼히 작성했어요. 그런 다음 일본에 있는 미국 육군연구개발부 극동사령부에 제출했습니다. 다행히도 5개월 만에 반가운 통보를 받았습니다. 성공적인 결과였지요. 1970년부터 1973년까지 3년간 4만 달러의 연구비와 미국 육군용 지프차 한 대를 지원받게 되었으니까요.

병원이나 연구소가 아닌 미국 육군에서 출혈열 연구비를 지원하는 데는 다 이유가 있었습니다. 당시 우리나라에 주둔한 미군은 약 8만 명에 이를 정도로 그 수가 많았습니다. 그런데 이들 중 해마다 유행성 출혈열로 여러 명이 숨지자, 미군 병사들의 안전과 사기를 높이기 위해 미국 육군이 이호왕에게 연구할 기회를 준 것입니다.

뜻밖의 선물

이호왕은 유행성 출혈열 환자가 많이 나오는 지역부터 조사했습니다. 그곳은 모두 들쥐의 집단 서식지였어요. 그러니 들쥐가 병을 옮기는 매개체가 분명했지요. 이호왕은 유행성 출혈열이 발생했다는 곳이 있다면 어디든 달려갔습니다. 들쥐 사냥 전문가 김수암과 함께요.

"이제부터는 들쥐와의 싸움이군. 수암 씨, 출발합시다!"

"좋아요, 박사님. 들쥐들아, 기다려라. 내가 간다!"

김수암은 모기부터 박쥐, 뱀, 다람쥐에 이르기까지 실험에 필요한 곤충과 야생 동물이라면 뭐든 잘 잡았어요. 특히 들쥐 구멍은 귀신같이 찾아낼 정도로 재주가 뛰어났지요.

하지만 들쥐를 잡는 게 늘 쉬운 일은 아니었어요. 한번은 김수암이 한밤중에 휴전선 부근에서 손전등을 비추며 들쥐를 찾고 있는데 갑자기 굵직한 목소리가 들렸습니다.

"손 들어! 움직이면 쏜다!"

다행히도 총이 발사되기 직전에 순찰 중인 군인에게 붙잡혔습니다. 군인들이 김수암을 간첩으로 오해한 것이었어요. 하마터면 목숨을 잃을 뻔한 아찔한 순간이었습니다.

들쥐는 야행성 동물이라 주로 밤에 채집할 수밖에 없었습니다. 그래서 군부대 근처에서 작업을 하는 경우엔 미리 하루 전날 부대에 신고해야 했습니다. 그런데 분명히 신고했는데도 위기 상황이 벌어진 것이었습니다.

"박사님, 저 죽다 살았어요. 이제 들쥐 사냥 못 하겠어요."

얼굴색이 하얗게 질린 김수암이 가슴을 쓸어내렸습니다.

포박당한 채 군사령부까지 끌려갔다가 겨우 풀려났다는 것이었습니다. 알고 보니 하필 그날 보초병이 실수로 교대하는 병사에게 김수암의 작업 계획을 전달하지 않았던 것입니다. 당시는 남한과 북한이 군사적으로 초긴장 상태였고, 통행금지도 있었던 때였으니 김수암이 살아 있는 건 큰 행운이었습니다.

혼쭐이 난 김수암은 민간인 거주 지역에서만 쥐를 잡았습니다. 그런데도 몇 번이나 경찰에 체포되는 일이 생겼습니다. 동네 사람들이 김수암을 간첩인 줄 알고 신고했기 때문입니다. 간첩을 신고하면 포상금을 받을 수 있어서 더욱 그랬던 것이지요.

이호왕은 이렇게 잡힌 수많은 들쥐를 해부하고 관찰했습니다. 하지만 아무리 현미경으로 자세히 살펴봐도 유행성 출혈열을 일으키는 병원균을 찾을 수 없었습니다.

그 와중에 진짜 위기가 찾아왔습니다. 출혈열 연구를 시작하고 일 년 육 개월 정도 지났을 때였습니다. 의정부의 출혈열 유행 지역에서 들쥐를 잡던 김수암에게 독감 증세가 나타난 것입니다. 갑자기 몸이 오슬오슬 춥고 떨리더니 증세가 점점 심해졌습니다. 처음엔 몸살인 줄 알고 감기약만 먹었습니다.

약을 먹었는데도 계속 열이 나고 설사와 복통에 시달렸습니다. 워낙 성실한 김수암은 아픈 몸으로도 사흘 동안 쉬지 않고 쥐를 잡았습니다. 결국 김수암은 온몸이 떨리고 눈이 붉게 충혈되더니 쓰러지고 말았습니다. 생각지도 못했는데, 정말 유행성 출혈열에 걸린 것입니다.

28세로 건강했던 김수암인데도 며칠이 지나도록 정신을 차리지 못했습니다.

'아휴, 큰일났네. 어쩌면 좋단 말인가…….'

이호왕의 입에서는 한숨만 나왔습니다. 걱정이 태산 같아 다른 생각을 할 겨를이 없었습니다. 그런데 김수암이 입원하고 이틀이 지났을 때, 김수암의 부모님이 이호왕을 찾아왔습니다.

"내 아들이 당신 연구를 돕다 이렇게 됐으니 책임지시오!"

"……."

이호왕은 아무 말도 할 수 없었습니다. 변명을 할 수도 없었습니다. 언제 어떻게 될지 모르는 아들을 보는 부모님의 심정이 오죽할까 싶었습니다.

"뛰어난 군의관들이 최선을 다하고 있으니 곧 깨어날 겁니다.

너무 걱정하지 마시고 조금만 지켜봐 주세요."

그저 잘 이겨 낼 테니 믿고 기다리자고 달래봤지만 문제는 거기서 끝나지 않았습니다. 실험실 연구원들이 하나둘 사표를 내기 시작한 것입니다.

"교수님! 무서워서 도저히 연구를 더 할 수가 없습니다."

"맞아요. 너무 위험해요."

다들 겁에 질린 모습이었습니다.

'김수암은 상태가 더 나빠져 혼수상태로 사경을 헤매고 있었고, 연구원들은 실험실을 빠져나가고…….'

이보다 더 나쁠 수는 없을 것 같은 날들이 이어졌습니다. 어쩔 수 없이 이호왕은 실험실 문을 닫고, 김수암이 빨리 깨어나기만을 기도했습니다. 포기를 모르는 이호왕이었지만 김수암이 위험할지도 모른다고 생각하니 눈앞이 캄캄했습니다.

모두의 기도가 통했는지 김수암은 입원한 지 2주 후부터 서서히 회복되기 시작했습니다. 그러나, 건강을 되찾은 김수암도 다른 연구원들처럼 일을 그만두겠다고 했습니다.

"목숨까지 걸면서 일을 할 수는 없습니다."

김수암은 단호했습니다. 죽음의 문턱까지 다녀온 사람을 막무가내로 잡아 둘 수는 없었지만, 이호왕에게 김수암은 꼭 필요한 사람이었습니다.

"자네가 얼마나 힘들었는지 알고 있네. 하지만 이제 자네한테는 항체가 생겨서 괜찮을 걸세. 유행성 출혈열은 한 번 걸리면 두 번 다시 걸리지 않아. 자네만이 마음 놓고 들쥐를 잡을 수 있는 유일한 사람이고 연구의 적임자라네. 게다가 자네는 동물 피를 뽑는 데도 타고난 재능이 있어. 가느다란 뱀이든 쥐꼬리든 자네처럼 척척 피를 뽑아내는 사람은 없을 걸세. 이렇게 자네는 우리 연구에서 중요한 존재라네. 그러니 나와 계속 함께하면 안 되겠나?"

"모르겠습니다. 가족들도 힘들어하고……. 저는 여기까지만 하고 싶습니다."

"자네, 이 병으로 목숨을 잃는 사람들이 누군지 잘 알고 있지 않나? 대부분 군인과 농민들이라네. 나라를 지키고 국민이 먹을 곡식을 키우다가 허무하게 죽은 거지. 우리가 병의 원인을 찾아내면 그걸 막을 수 있다네."

연구를 포기할 수 없는 이호왕은 간곡하게 부탁했습니다.

"만일 다시 이런 일이 생기면 내가 다 책임지겠네. 치료비는 물론이고, 가족의 생계까지 모두 다 맡일세."

이호왕의 진심이 통했는지 김수암은 마음을 돌렸습니다. 그러자 다른 연구원들도 연구실로 돌아왔고, 한 달 만에 겨우 실험을 다시 시작할 수 있게 되었습니다. 그런데 안타깝게도 유행성 출혈열에 걸리는 연구원들이 계속 생겨났습니다. 전부 여덟 명이나 감염되었지만, 천만다행으로 모두 고비를 넘기고 연구를 계속할 수 있었습니다.

출혈열 연구로 한창 바쁘게 지내던 1973년 봄, 이호왕은 중대한 결정을 내려야 했습니다. 고려대 의대 미생물학 교실 주임 교수로 와 달라는 부탁을 받은 것입니다. 이미 두 번이나 거절했지만, 이번에는 솔깃한 제안에 마음이 흔들렸습니다. 국내 최초의 바이러스 연구소를 신설해 주겠다는 제안이었습니다.

'자신의 연구소가 생기다니! 학자에게 꿈만 같은 일이지!'

며칠 동안 곰곰이 생각한 끝에 이호왕은 모교인 서울대 의대를 떠나 고려대 의대로 자리를 옮기게 되었습니다. 그런 다음 연구를 중단하지 않고 계속 이어 나갔습니다.

모두 열심히 노력했지만 이렇다 할 연구 결과는 나오지 않았습니다.

“분명히 쥐의 콩팥에 바이러스가 있을 텐데 도대체 어디에 숨어 있는 걸까요?”

“출혈열 바이러스가 혈관과 콩팥을 공격하는 건 분명해요. 환자들 증상이 그러니까요.”

이제까지 이호왕과 연구원들은 유행성 출혈열과 전혀 상관이 없다고 생각한 들쥐의 폐와 창자는 버리고 콩팥을 집중적으로 관찰했어요. 하지만 번번이 실패했습니다.

‘우리나라에서 유행성 출혈열 연구를 처음 시작하신 기용숙 교수님도 병의 원인을 찾지 못하셨지. 그리고 6·25 전쟁 이후 20년 동안 200명이 넘는 미국 과학자들의 노력도 모두 허사가 된 걸 보면 분명히 뭔가 이유가 있을 텐데…….’

도대체 어디서 잘못됐는지 갈피를 잡을 수 없었습니다.

‘뭐가 문제지? 꼭 실마리를 풀어야 하는데……. 정말 답답하군.’

연구에 대한 부담감 때문에 이호왕은 잠을 설칠 정도로 마음이 무겁고 초조했습니다. 게다가 일 년에 두 번씩 미국에 연구 보고서를 내는 것도 스트레스였습니다. 그렇다 보니 집에 있을 때는 사소한 일에도 예민해졌습니다.

'내가 왜 이러지? 학자라면 공명심에 사로잡히면 안 되지. 초심으로 돌아가서 다시 시작하는 거야. 출혈열로 고통받는 환자들을 생각해서라도 힘을 내자.'

마음을 다잡은 이호왕은 다시 연구에 집중했습니다. 이번에는 들쥐의 비장을 세심하게 살폈습니다. 볼리비아출혈열 바이러스에 감염된 들쥐인 칼로미스에게서 힌트를 얻은 것입니다. 칼로미스의 비장은 정상 쥐의 비장보다 10~20배 이상 커진다고 했기 때문입니다. 하지만 우리나라 들쥐들은 그렇지 않았습니다. 우리나라 들쥐의 80퍼센트를 차지하는 등줄쥐 수백 마리를 잡아 실험했는데도 이상한 점이 없었습니다.

"교수님, 쥐의 체내에 출혈열의 원인 바이러스가 없는 게 아닐까요?"

"아니야. 분명히 있을 거야. 이제는 방법을 바꿔 보세."

바이러스를 찾아내기 위해 새로운 형광 현미경을 마련하고,

미군으로부터 냉동 조직 절단기도 지원받았습니다. 그리고 연구원들이 새로운 실험 기법도 익혔습니다. 하지만 실험 기술만 좋아질 뿐 출혈열의 원인 바이러스는 찾지 못했습니다.

'새로운 실험 기법도 소용없군. 들쥐의 모든 장기를 검사했는데도 원인 바이러스를 찾지 못하다니……. 이거 참, 귀신이 곡할 노릇이로군.'

연구원들은 점점 지치기 시작했습니다. 너무 고민한 나머지 이호왕도 병이 났습니다. 모두 어려운 시기를 보내고 있었습니다. 그런데 설상가상으로 나쁜 소식이 왔습니다.

유행성 출혈열 연구를 시작한 지 6년째로 접어들던 1975년 가을이었습니다. 미국 육군 의학연구개발사령부 사령관인 마셜 대령이 통보를 보낸 것입니다.

"더 이상 연구비 지원이 어렵게 되었습니다. 이제 연구를 포기하십시오."

이호왕에게는 날벼락이나 다름없었습니다. 무려 6년 동안 꾸준히 연구비를 지원하던 미국 육군성에서 내린 결론이었습니다. 별다른 연구 결과가 없으니 '밑 빠진 독에 물 붓기'라고 생각한 것이지요. 이호왕은 온몸에 힘이 다 빠지는 것 같았습니다.

'그동안의 노력이 헛수고가 되겠구나. 출혈열에 걸리면서도 나를 믿고 따라 준 연구원들은 어찌 된단 말인가…….'

일본 뇌염에 이어 유행성 출혈열 연구도 성과 없이 끝났다고 생각하니 고개를 들 수가 없었습니다.

이호왕과 연구원들이 절망에 빠져 있을 때, 한 개의 소포가 배달됐습니다. 미국 국립보건원에서 은퇴한 젤리슨 박사가 보낸 것이었어요. 젤리슨 박사는 오랫동안 유행성 출혈열을 연구하다가 멈춘 학자였습니다. 박사는 자신의 연구 자료와 편지를 보냈는데, 연구를 멈추게 될지도 모르는 이호왕에게 아쉬워하며 보낸 자료였습니다.

'닥터 리, 내 생각에는 출혈열의 원인이 들쥐의 폐에 생기는 곰팡이인 것 같소.'

편지의 내용은 지금까지의 연구 방향을 완전히 뒤집는 것이었습니다.

'곰팡이는 아니었는데……. 들쥐의 모든 장기와 출혈열 환자들을 샅샅이 조사했지만 그럴 만한 증거는 어디에도 없었어.
그런데 폐라니!'

폐라는 단어를 보는 순간, 이호왕은 뒤통수를 한 대 얻어맞은 것 같았습니다. 그동안 이호왕은 물론이고 유행성 출혈열을 연구하는 학자들이 쥐의 폐에는 관심이 없었거든요. 유행성 출혈열 환자들의 폐가 늘 깨끗했기 때문입니다.

"여러분, 오늘부터 쥐의 폐도 샅샅이 관찰합시다!"

이호왕이 연구원들을 격려했습니다. 늘 그랬던 것처럼 연구원들은 이호왕을 믿고 새로운 연구 방향으로 나아가기 시작했습니다.

세계 최고의 바이러스 사냥꾼

1976년 1월 어느 겨울밤이었어요. 이호왕과 연구원들은 형광 현미경을 들여다보고 있었습니다. 그때 이호왕은 출혈열에 걸렸다 나은 사람들에게 생기는 항체를 가지고 실험을 진행하고 있었습니다. 특수한 방법으로 염색을 하여 바이러스가 생기면 바이러스가 황금색으로 빛나게 되는 실험이었습니다.

그 밤에 연구실 천장에 뚫린 두 개의 구멍 사이로 별빛이 연구실 바닥으로 쏟아지고 있었습니다. 연탄난로가 있었는데도 연구실은 몹시 추웠습니다. 시원치 않은 난방 때문에 손을 호호 불어 가며 현미경을 들여다보던 그 순간, 황금색 물체가 반짝거렸어요.

"우와! 교수님, 이것 좀 보세요!"

유행성 출혈열의 바이러스를 발견한 것입니다. 이호왕은 밤하늘의 별처럼 빛나는 바이러스를 보고 또 보았습니다. 이 작은 바이러스를 찾기 위해 애쓴 순간들이 주마등처럼 스치고 지나갔습니다. 별처럼 반짝이는 바이러스를 만나고 나니, 그 모든 고생이 눈 녹듯이 사라졌습니다.

"교수님! 우리가 드디어 해냈습니다!"

이호왕과 연구원들은 서로 얼싸안고 기쁨을 나누었습니다. 옆에 있던 이평우 조교가 감격에 겨워 소리쳤습니다.

"바이러스가 확실합니다! 우리가 해냈어요!

1976년은 교수님의 해가 될 것이 분명합니다!"

"세상에나, 자네들과 함께 내 일생에서 가장 감격스러운 순간을 맞았어. 모두 고생 많았네!"

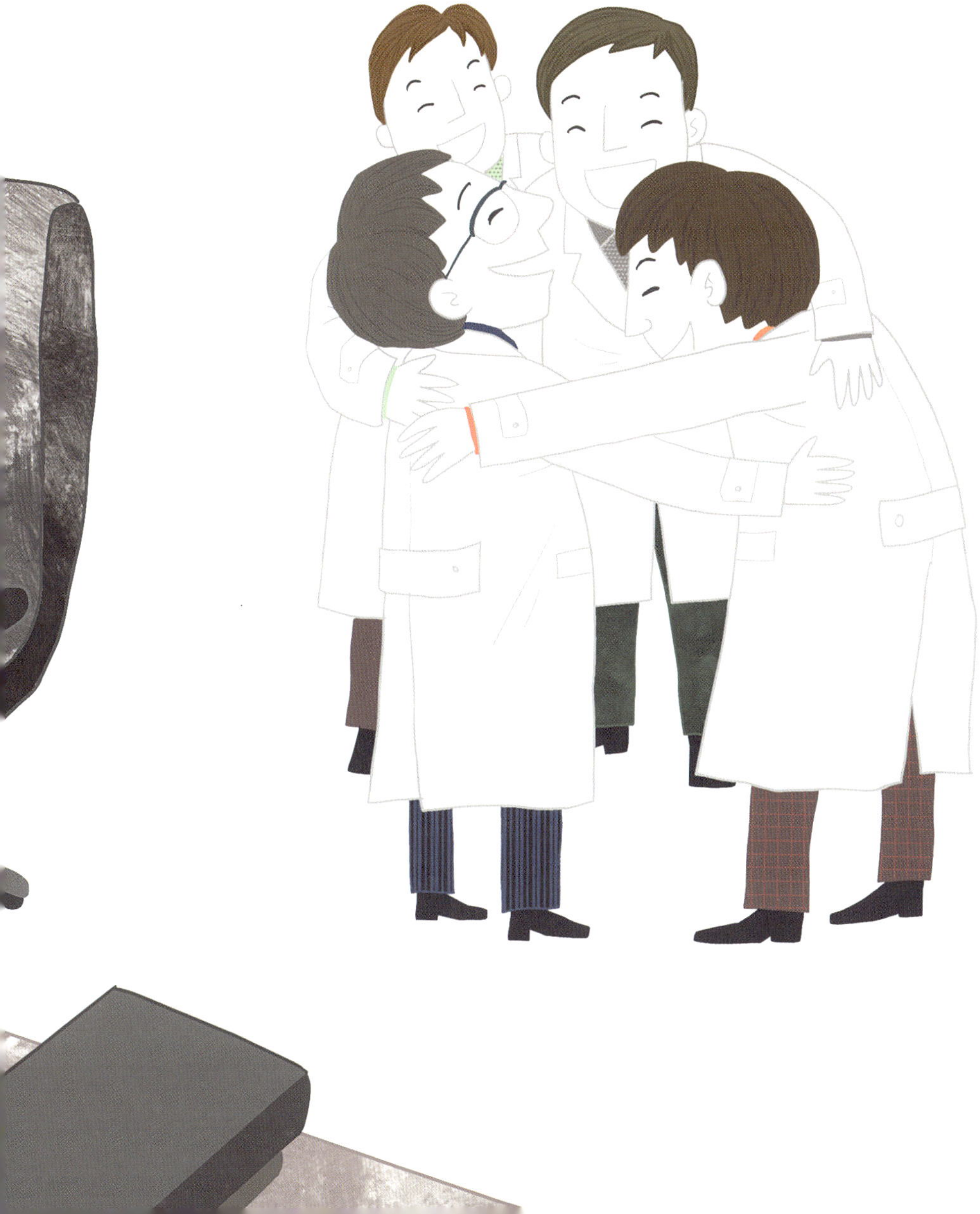

이호왕은 연구원들의 수고를 마음속에 깊이 새겼습니다. 한 가족이나 다름없는 그들이 없었다면 각고의 영광은 불가능했을 것입니다.

1976년 4월 29일, 이호왕은 유행성 출혈열의 원인 바이러스를 찾았다고 발표했습니다. 전 세계는 환호 속에 발칵 뒤집히고 말았습니다. 미국에서 6·25 전쟁 이후 20년 넘게 엄청난 비용을 들여도 찾아내지 못했던 것을, 아시아의 작은 나라 대한민국의 과학자가 6년 만에 찾아냈다는 사실이 믿기지 않았던 것입니다.

'미국에서 공부한 이 박사가 세계 최초로 발견하다!'

〈워싱턴포스트〉와 〈뉴욕타임스〉를 비롯한 해외 언론에 이호왕의 발견이 크게 보도되었습니다. '한국의 이 박사'가 아닌 '미국에서 공부한 이 박사'라는 제목이었어요. 이호왕은 제목이 썩 마음에 들지는 않았지만 틀린 말이 아니기에 어쩔 수 없었습니다. 뒤이어 1976년 6월 13일에는 미국의 잡지 〈타임〉에도 이호왕의 연구 결과가 자세하게 소개되었습니다.

세계 여러 나라에서 이호왕에게 특별 강연을 해 달라는 요청이

쏟아졌습니다. 전쟁 통에 책도 없이 천막 밑에서 공부하던 의대생, 미국의 도움으로 유학을 다녀왔던 그 의대생이 이제 강대국도 풀지 못한 미스터리를 풀어낸 멋진 과학자로 성장한 것입니다.

"닥터 리, 우리와 함께 일하는 게 어떻겠소? 원하는 건 뭐든 지원하겠소."

미국 국립보건원에서 파격적인 조건을 내걸었습니다. 그들은 오로지 연구에만 집중할 수 있는 환경을 만들어 주겠다고 약속했습니다.

'어쩌면 좋을까? 미국 육군의 연구비 지원이 없었다면 오늘의 결과도 없었겠지. 하지만…….'

이호왕은 짧은 순간이지만 많은 생각을 했습니다. 그리고 결론을 내렸습니다. 그들의 제안을 따라 미국으로 간다면 이제 연구비를 걱정할 일은 없을 것입니다. 그뿐만 아니라 해외 연구 기관들을 방문했을 때 보았던 그 모든 것을 누릴 수 있을 터였습니다.

'파스퇴르도 말하지 않았던가!

과학엔 국경이 없지만, 과학자에겐 조국이 있다고. 지금이야말로 내가 조국을 빛낼 때야. 애국심과 한국인의 명예를 지켜야지!'

이호왕은 미국에서 공부한 과학자가 아닌, 한국의 자랑스러운 과학자로 불리는 것이 더 좋았습니다. 유행성 출혈열 바이러스의 이름을 지을 때도 마찬가지였습니다,

"교수님! 바이러스 이름은 정하셨어요?"

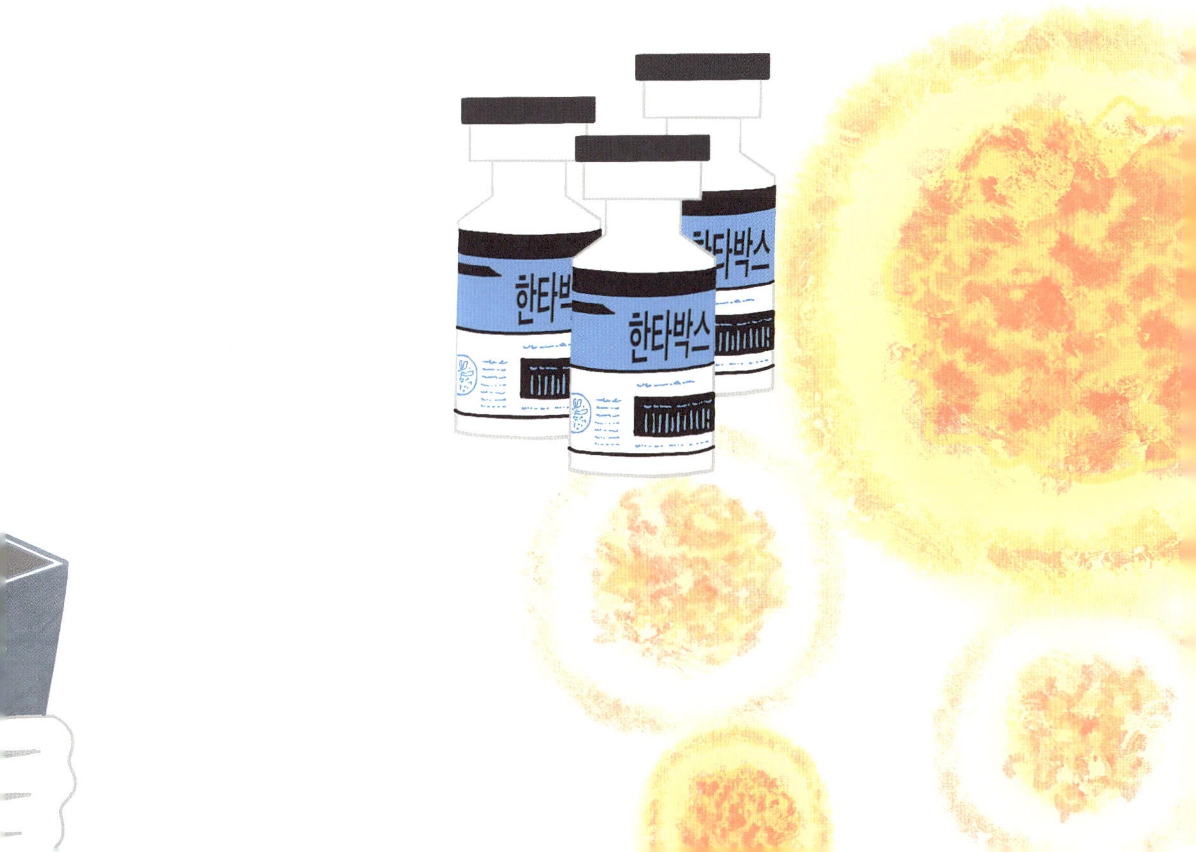

"보통 맨 처음 발견한 사람의 이름을 따서 짓잖아요. 이호왕 바이러스 어떠세요?"

"아닐세. 자네들이 없었다면 불가능한 일이었어. 그런데 내 이름만 붙이다니, 그건 말도 안 되지. 한탄강 근처에서 잡은 등줄쥐에서 바이러스를 발견했으니 한탄바이러스 어떤가?"

바이러스의 이름을 '한탄바이러스'로 지은 데에는 또 다른 이유가 있었습니다. 6·25 전쟁 중이던 1951년 여름, 유행성 출혈열 환자가 처음 발생한 곳이 한탄강 상류인 연천 지역이었거든요. 무엇보다도 한탄강은 군사 분계선을 따라 흐르며 남과 북으로 갈린 우리 민족의 아픔을 지닌 곳이기 때문이었습니다. 게다가 바이러스 이름에 북에 남아 있는 가족들에 대한 그리움을 담아낸 것이지요.

이호왕은 그렇게 개인의 영광을 드러낼 수 있는 상황에서도 더 큰 세상을 보고자 했습니다.

큰 성공을 거둔 뒤에도 이호왕의 연구는 계속되었습니다.

1980년에는 서울에서 잡은 집쥐에서 새로운 바이러스를 발견했습니다.

'들쥐가 아닌 집쥐에서도 한탄바이러스와 비슷한 바이러스가 발견되다니!'

인구가 많은 도시의 집쥐를 통해 바이러스가 퍼진다면 큰일이었습니다. 집쥐는 전 세계 어느 곳에서나 볼 수 있어서 많은 희생자가 발생할 수 있었습니다.

1985년, 이호왕은 몇 년간의 연구 끝에 이 바이러스를 '서울바이러스'라고 이름 짓고 정식으로 학계에 보고했습니다.

서울바이러스도 한탄바이러스처럼 감염되었을 때 콩팥에 증상이 나타났습니다. 이렇게 유행성 출혈열과 비슷한 증상을 나타내는 질병들을 '신증후군 출혈열'로 부르기로 했습니다.

"교수님, 그다음 목표는 뭐예요?"

"한탄바이러스 백신 개발이네. 유행성 출혈열을 막으려면 반드시 백신이 필요해."

"일본 뇌염 백신은 한발 늦었지만, 이번에는 저희가 꼭 성공할 거예요!"

여러 번의 실패 끝에 마침내 1988년, 이호왕은 유행성 출혈열의 예방 백신을 개발했습니다. 그리고 2년 뒤 '한타박스'라는 이름으로 출시되었어요. 한타박스는 우리나라 기술로 만든 첫 번째 신약이었습니다.

이런 업적 덕분에 이호왕은 국내외에서 많은 상을 받았습니다. 노벨 의학상 다음으로 인정받는 '태국 마히돈 왕자 의학상'도 받았지요. 미국인 학자 네 명이 이호왕을 추천한 것이었습니다. 또 이호왕은 노벨 의학상 후보에 오르기도 했습니다. 하지만 매우 안타깝게도 수상을 하지는 못했습니다.

'과학자에게 우연한 기적은 없지. 실패를 두려워하지 않고 끊임없이 노력하는 사람에게 기회가 오는 법이야. 돌아보니 나는 하늘이 정해 준 대로 열심히 인생을 살았구나…….'

이호왕은 이런 생각을 하며 눈을 감았습니다.

2022년 7월 5일, 이호왕은 94세의 나이로 세상을 떠났습니다. 하지만 이호왕이 보여 준 포기하지 않는 끈기와 열정, 인내심과 노력, 추진력은 유행성 출혈열 예방백신이라는 결실을 맺었습니다. 그 덕분에 오늘날 우리가 유행성 출혈열을 예방할 수 있게 되었지요. 특히, 농사를 짓거나 들에서 일하는 사람들에겐 큰 도움이 되었습니다. 이호왕의 새로운 것을 받아들이는 사고, 힘든 순간에도 끊임없이 발전을 생각하는 마음, 그리고 그의 애국심은 우리들의 마음속에 영원히 남아 있을 것입니다.

알렉산더 플레밍

더 넓은 세상으로

"으아앙!"

"아기가 태어났어요! 남자애래요!"

플레밍의 형 존이 문밖으로 뛰어나가면서 소리쳤습니다. 1881년, 알렉산더 플레밍은 스코틀랜드의 로크필드에서 태어났습니다. 팔 남매 중 일곱째였지요. 플레밍의 고향은 아주 작은 시골 마을이었고, 부모님은 농장을 운영하셨습니다. 그 덕분에 플레밍은 늘 자연 속에서 뛰어놀았습니다. 강가에서 물고기를 잡고, 길가에 핀 꽃을 구경하고, 나비를 따라다니면서요.

"와! 형들, 여기 좀 봐. 빨간 꽃이 피었어. 진짜 예쁘다!"

들판을 달리던 플레밍이 멈춰 서더니 소리쳤어요. 그러더니 갑자기 울상이 되었습니다.

"에이 이건 벌써 시들었네……."

"알렉산더, 그건 당연한 거야. 꽃이 져야 열매를 맺지."

"어? 열매?"

플레밍은 시든 꽃을 들여다보았습니다. 열매가 어디 있는지 찾으려는 것 같았어요. 매년 꽃이 피고 지고, 새싹이 돋아 쑥쑥 자라고, 초록색이었던 나뭇잎이 서서히 물들지만 그때마다 플레밍은 모든 것이 신기한 듯 바라보았습니다. 매일 조금씩 달라지는 자연의 변화는 플레밍에게 놀랍게만 느껴졌습니다. 그리고 자신도 모르게 관찰하고, 변화를 알아채는 공부가 되었어요.

어릴 때부터 플레밍은 형들과 함께 부모님의 농장 일을 도와드렸습니다. 플레밍에게는 다른 사람에게 없는 재주가 있었는데,

집에서 기르던 수많은 양 중에서 아프거나 무리에서 떨어진 양을 바로 알아채는 능력이었지요. 플레밍 덕분에 농장의 양들은 건강하게 잘 자랄 수 있었습니다.

플레밍 옆에는 늘 양몰이 개 폴리가 있었습니다. 폴리는 실력 좋은 양몰이 개여서, 한 마리의 양도 놓치는 법이 없었어요. 해 질 무렵 폴리가 모든 양을 우리에 몰아넣으면, 플레밍은 아픈 양이 없는지 살펴보았습니다. 이렇듯 플레밍과 폴리는 환상의 짝꿍이었습니다.

"알렉산더, 너는 눈이 참 좋은 거 같아. 우리 눈엔 누가 아픈지 잘 안 보이거든."

"게다가 폴리는 양을 놓치는 법이 없잖아. 알렉산더와 폴리가 있는 한 우리 농장은 걱정 없을 거야."

형들이 웃으며 플레밍의 머리를 쓰다듬었습니다.

"가만히 잘 살피면 돼. 그럼 보이는 게 있어. 형은 내가 양을 얼마나 좋아하는지 알잖아."

"하하! 맞아. 알렉산더는 양을 사랑하지? 사랑하면 더 잘 보이는 법이지."

플레밍도 형들을 따라 웃었습니다. 웃음소리에 폴리가 마치 알아듣는 듯 플레밍 옆으로 다가왔습니다. 플레밍은 폴리의 목덜미를 쓰다듬었어요. 폴리의 따뜻한 체온이 느껴졌지요. 플레밍이 웃으며 폴리를 쳐다보자 폴리도 플레밍을 쳐다보았습니다.

"멍!"

폴리의 기분 좋은 목소리가 농장에 울려 퍼졌습니다.

"형, 난 이곳이 참 좋아. 부모님과 형들이랑 폴리랑 양이랑 여기서 오래오래 살고 싶어."

그런데 어느 날, 늘 가볍고 경쾌하게 뛰던 폴리의 발걸음이 불편해 보였습니다. 특히 양을 모는 모습이 전과 달랐어요. 가벼운 몸놀림으로 한 마리의 양도 놓치지 않았던 폴리가 양을 놓치기 시작했으니까요. 플레밍은 폴리가 놓친 양을 대신 몰아가면서 폴리를 살폈습니다. 양들을 모두 우리에 넣고 난 뒤, 플레밍은 폴리를 향해 달려갔습니다. 폴리의 몸 구석구석을 찬찬히 살펴봤지만 다친 곳은 없는 것 같았어요. 플레밍은 폴리를 안고 집으로 돌아왔습니다.

"형! 어머니! 폴리가 이상해요!"

가족들 모두 폴리의 곁으로 다가왔습니다. 그사이 폴리는 더 기운이 빠진 것 같았습니다.

"폴리가 뭘 잘못 먹었나? 톰, 오늘 폴리에게 다른 걸 줬니?"

"아니에요, 어머니. 늘 먹던 대로 줬어요."

플레밍은 폴리를 지극정성으로 돌봤습니다. 폴리의 몸을 주무르고, 배를 마사지하고, 설탕물을 만들어 폴리의 입안으로 흘려 넣어 주었습니다. 플레밍의 진심이 통했는지 폴리는 차츰 기운을 되찾기 시작했습니다.

며칠 뒤, 폴리가 학교에서 돌아오는 플레밍을 향해 반갑다는 듯이 짖었습니다.

"멍! 멍! 멍!"

다시 건강해진 폴리가 가볍고 경쾌한 발걸음으로 달려왔습니다. 플레밍도 마주 달려와 폴리를 끌어안았어요. 한참이나 쓰다듬어 주면서, 플레밍은 아픈 누군가를 보살피고 치료할 수 있다는 뿌듯함으로 마음이 꽉 차는 것 같았습니다.

하지만 어느 날 갑자기 집안의 평화가 깨지고 말았습니다.

아버지가 갑작스럽게 돌아가셨기 때문입니다. 늘 자상하고 인자하신 아버지였기에 어린 플레밍은 깊은 슬픔에 빠졌습니다. 가족들 모두 상실감이 컸지만 그대로 주저앉아 있을 수만은 없었어요. 아버지가 아끼며 돌봐 온 농장은 어머니와 큰형이 맡아서 운영하기로 했습니다. 물론 플레밍과 다른 형제들도 거들며 서로가 서로에게 의지가 되어 주었지요. 가족들의 사랑으로 플레밍은 다시 웃으며 지낼 수 있게 되었습니다. 플레밍은 폴리와 함께 들판을 뛰어다니다가 잠깐씩 쉴 때마다 하늘을 올려다보았습니다. 하늘에서 아버지가 보고 계신 것 같았기 때문입니다.

'아버지, 저는 여기서 잘 지내고 있어요. 뭐든 열심히 해서 아버지가 자랑스러워하는 아들이 될게요. 꼭 지켜봐 주세요!'

플레밍은 다짐하듯 주먹을 꼭 쥐었습니다.

시간은 흘러, 플레밍도 열두 살이 되었습니다. 이웃 마을의 상급 학교로 진학한 플레밍은 장래에 대해 많은 생각을 했습니다.

'큰형처럼 어머니를 도와 고향에 남을까? 아니면 런던에서

안과 의사가 된 톰 형과 렌즈 회사에 다니는 존 형처럼 큰 도시로 나갈까?'

플레밍이 고민하는 걸 알고 어머니와 큰형이 플레밍을 불러 같이 얘기를 나눴습니다.

"알렉산더, 우리는 걱정하지 말고 네가 하고 싶은 걸 해. 톰이랑 존도 너를 도와줄 거야. 어디에 가든 우리가 네 편이 되어 줄테니까 그걸 잊지 마."

어머니와 큰형이 플레밍을 격려했습니다. 가족들의 따뜻한 마음에 플레밍은 용기를 냈습니다. 더 큰 세상으로 나가 공부하기로요.

1895년, 플레밍은 런던의 왕립 폴리테크닉 학교에 입학했습니다. 런던은 플레밍이 나고 자란 곳과는 정반대였어요. 끝없는 초원이 펼쳐져 있던 고향과 달리 런던은 높은 건물들이 많고, 사람들도 많고, 마차들이 시도 때도 없이 달려드는 곳이었습니다.

'아휴, 복잡해라. 정신 차려야지. 안 그러면 마차에 치이겠어.'

처음엔 그 모든 것이 어색했습니다. 하지만 점차 익숙해진 플레밍은 학교 수업에도 잘 적응해 늘 좋은 성적을 유지했습니다. 그즈음 동생 로버트도 런던으로 와 둘은 같은 학교에 다니게 되었습니다. 우등생이었던 플레밍은 공부를 열심히 했지만, 자신이 진짜 원하는 것이 무엇인지 알 수 없었습니다. 반면에 로버트는 존 형을 따라 렌즈 회사에 들어갈 생각이었지요.

"내가 알렉산더 형 동생이라고 했더니, 선생님들이 형 칭찬을 많이 하더라. 형이 너무 자랑스러워!"

"무슨 소리야 로버트. 난 네가 부러운걸. 넌 벌써 확실한 꿈을 가지고 있잖아. 난 아직도 내가 뭘 하고 싶은지 모르겠어."

"형은 늘 성실하잖아. 그러니까 목표만 생기면 그게 뭐든 잘할 거야. 너무 걱정하지 마."

'로버트, 사실 나는 그냥 열심히만 할 뿐이야.'

플레밍은 그렇게 말하고 싶었지만 참았습니다. 결국 졸업할 때까지 이렇다 할 목표를 정하지 못한 플레밍은 선생님의 추천으로 배를 관리하는 선박 회사에 들어갔습니다.

"플레밍, 자네가 여기서 할 일은 매일 들어온 화물의 목록을 정리하는 거야. 그게 익숙해지면 회계 업무도 보게 될 거고.

믿고 맡기는 거니까 잘 부탁하네."

"네, 열심히 하겠습니다."

눈썰미가 남다른 플레밍은 선박 회사 일에 금방 익숙해졌습니다. 맡은 일을 어찌나 꼼꼼하게 하는지 빈틈이 없었습니다. 모두가 놀랄 정도였지요. 하지만 단순한 업무라서 플레밍은 재미가 없었습니다. 누군가는 이 일이 안정적이라며 좋아하겠지만, 플레밍은 그런 사람이 아니었습니다. 새로울 것 없이 늘 같은 일만 되풀이하는 선박 회사의 일은 너무도 지루했고, 그런 일상을 탈출하고 싶었습니다. 하지만 플레밍은 자신이 무엇을 원하는지 알 수가 없었어요. 그렇게 시간은 흘러 선박 회사에서 일한 지 4년이 지났습니다.

그날도 플레밍은 여느 때처럼 선박 회사 일을 열심히 하고 있었습니다. 별다를 것 없는 평범한 오후였지요. 몇 시간씩 같은 자세로 서류를 작성해서 그런지 어깨가 아팠습니다. 맨손체조를 하기 위해 자리에서 일어난 플레밍은 아무 생각 없이 창밖을 바라보았어요. 일꾼들이 커다란 물품 상자를 옮기는 모습이 보였지요. 그런데 갑자기 앞서가던 일꾼이 멈춰 서더니

요란하게 재채기를 했습니다. 그 모습을 본 플레밍이 웃음을 터뜨렸습니다. 그러자 옆에 있던 동료가 따라 웃으며 말을 건넸습니다.

"이봐, 자네가 웃다니! 자네도 웃을 줄 안단 말이야?"

"하하하, 당연하지!"

"나는 자네가 웃는 걸 처음 봤어. 웃으니까 좋구먼. 우리 자주 웃자고!"

동료의 말에 플레밍은 웃으며 고개를 끄덕였습니다. 하지만 곧 근심 섞인 얼굴이 되었지요.

'내가 웃은 적이 없다고?'

충격적인 이야기였습니다.

'그동안 웃을 일이 없었나? 아니면 내가 웃는 법을 잊어버린 걸까?'

플레밍은 깊은 고민에 빠졌습니다. 지금까지는 선박 회사 일이 지루하다고만 생각했는데, 단순히 그런 문제가 아니었습니다. 플레밍 자신의 행복에도 나쁜 영향을 미치고 있었으니까요.

다시 찾은 새로운 꿈

웃으며 지내려고 애쓰던 어느 날 뜻밖의 소식이 전해졌습니다.

"알렉산더, 큰아버지가 돌아가시면서 우리 형제에게 유산을 남기셨대."

존 형은 로버트와 함께 렌즈 회사를 차릴 거라고 했습니다.

"너는 뭐 할 거야? 그런데 알렉산더, 어디 아파? 안색이 안 좋아."

"고민이 좀 있어서……. 매일 서류만 정리하다 보니 내가 기계가 된 거 같아. 다른 일을 하고 싶어. 내가 즐겁게 할 수 있는 일이 없을까?"

"톰 형이랑 의논해 보자. 형은 사회 경험이 많으니까 네게 도움을 줄 거야."

플레밍은 톰 형에게 자신의 속마음을 털어놓았습니다.

"알렉산더, 걱정하지 마. 분명히 너에게 맞는 일을 꼭 찾게 될 거야. 너는 뭘 할 때 즐거워? 어릴 때 네 꿈은 뭐였어?"

"즐거운 일? 내 꿈?"

플레밍은 생각에 빠졌습니다.

'꼭 하고 싶은 일이 있는 건 아니야. 정말 나는 뭘 좋아하지?'

플레밍은 지나온 시간을 되짚어 보았습니다. 선박 회사, 런던 왕립학교에서 배웠던 것들, 고향에서 있었던 일들…….

'아! 그렇지!'

불현듯 한 순간이 떠올랐습니다. 아픈 폴리를 정성껏 돌보던 그때를 생각하니 가슴이 뛰었습니다.

"음…… 의사가 되고 싶었어. 아픈 곳을 치료하는……."

건강해진 폴리가 달려오던 모습이 지금도 선명하게 기억났습니다. 그러자 마음에 기쁨이 가득 차오르는 것 같았지요.

"나는 아프고 병든 이들을 돌볼 때 행복한 거 같아."

"그럼 공부를 다시 해 봐. 넌 늘 우등생이었으니까 분명히 의과 대학에 합격할 거야."

톰 형의 조언대로 플레밍은 선박 회사를 그만두고 의대에 들어가기로 마음먹었습니다. 그날부터 플레밍은 밤낮없이 공부에 몰두했습니다. 시험 준비는 쉽지 않았지만, 원하는 일을 할 수 있다고 생각하니 힘이 났습니다.

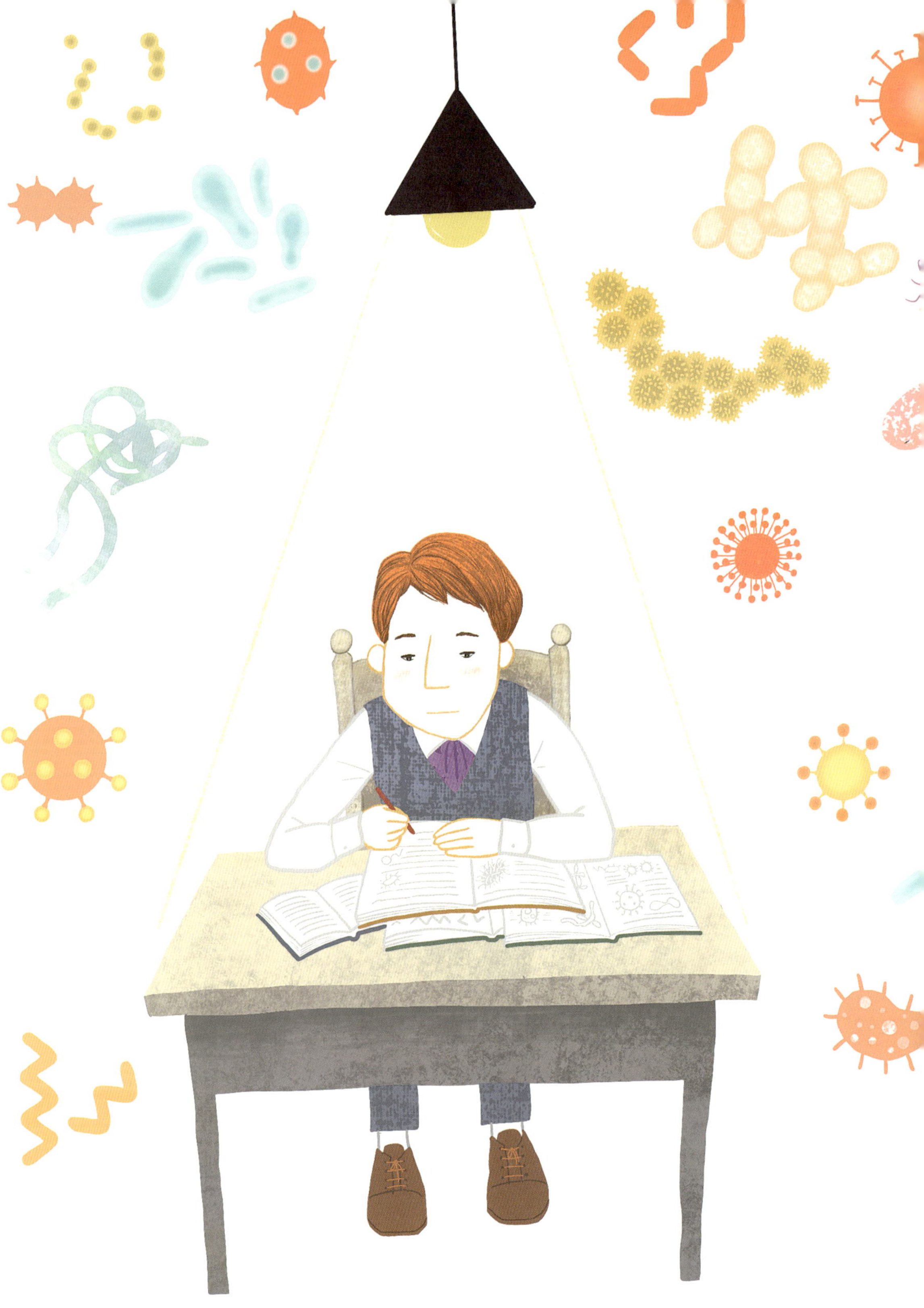

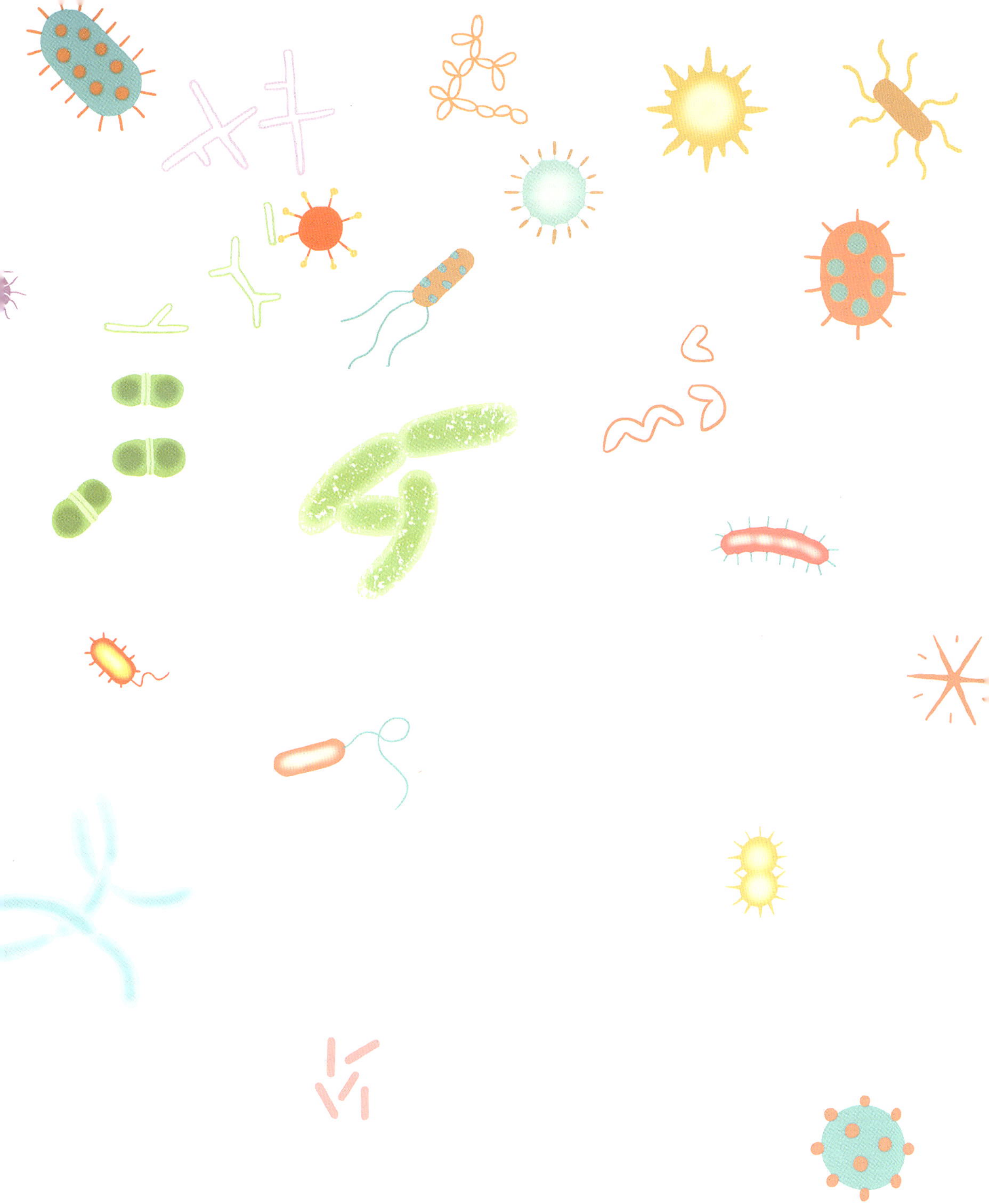

"알렉산더, 조금만 더 힘을 내. 넌 분명히 훌륭한 의사가 될 거야."

형제들도 플레밍의 꿈을 응원했습니다. 모두의 응원을 받으며 입학시험을 본 플레밍은 당당히 의대에 합격했습니다. 오래 걸렸지만 그제서야 앞으로 나아가기 시작한 것 같았습니다.

1901년, 플레밍은 런던대학교 부속 세인트메리병원 의과 대학의 새내기 학생이 되었습니다. 긴 고민 끝에 선택해서 그런지 학교에서 배우는 모든 것이 재미있었습니다.

'공부할 것은 많지만, 전혀 힘들지 않아. 오히려 즐겁기만 한걸.'

플레밍은 틈만 나면 도서관에서 의학책을 읽었습니다. 친구들은 그런 플레밍을 보고 혀를 내둘렀습니다.

"또 도서관이야? 중간 시험은 아직 한참 남았다고!"

"하하하. 그냥 공부하는 게 재밌어서 책 읽고 있었어."

"너 같은 공붓벌레도 드물 거다. 아무리 공붓벌레라고 해도 너만큼 책을 읽으면 체할 거 같은데?"

그렇다고 플레밍이 공부만 한 건 아니었습니다. 소총 클럽

회원으로서 수업이 없는 날엔 사격 연습도 하고, 수구 등 취미 활동도 열심히 했지요. 특히 사격 솜씨가 뛰어나 백발백중일 때가 많았어요.

"공부면 공부, 운동이면 운동, 뭐든지 척척 플레밍이라니까!"

친구들은 그런 플레밍을 부러워했어요. 플레밍의 행동을 그대로 따라서 해야겠다는 친구가 있을 정도였지요. 그럴수록 플레밍은 더 알차게 시간을 보냈어요. 운동한 다음에는 집중이 잘 된다고 더욱 열심히 공부하면서요.

플레밍은 모든 수업을 좋아했지만, 특히 세균학자인 라이트 교수님의 수업을 좋아했습니다.

"여러분, 현재 인류의 가장 큰 적은 세균입니다. 병에 걸린 뒤 치료하는 것도 중요하지만, 질병을 예방하는 게 더 중요하겠지요."

"질병 예방이요?"

"그래요. 그것이 바로 병을 치료하는 가장 좋은 방법이지요. 프랑스의 루이 파스퇴르는 1885년 광견병 백신을 개발해서 큰 성과를 거두었어요. 광견병 백신을 맞은 사람들은 광견병에 걸리지 않게 되었으니까요. 광견병과의 전쟁을 미리 막은 것이지요."

플레밍은 루이 파스퇴르의 백신 요법에 흥미를 느꼈습니다.

'세균으로 병을 치료하는 것과 마찬가지구나.'

라이트 교수의 수업은 플레밍에게 많은 영향을 주었습니다. 새로운 지식을 배우는 일은 무엇이든 즐거웠어요. 그 무엇보다도 질병이 일어나기 전에 미리 대처하여 막을 수 있다면 더할 나위 없이 좋을 것 같았습니다. 그렇다고 라이트 교수처럼 세균학자가 되고 싶은 마음은 없었어요. 외과 의사가 되어 환자들을 치료하는 게 꿈이었거든요. 그 꿈을 이루기 위해 플레밍은 차곡차곡 실력을 쌓아 갔습니다. 그리고 마침내 우수한 성적으로 졸업 시험을 통과했습니다.

'이제 남은 건 병원 실습이군. 열심히 해서 많은 생명을 구할 수 있도록 준비해야지!'

하지만 기대와는 달리 현실은 그렇지 않았습니다. 세균에 감염된 환자들의 상태는 날이 갈수록 나빠졌지만, 병원에서 할 수 있는 치료는 특별한 게 없었어요. 상처를 소독하는 횟수를 늘리는 것뿐이었으니까요. 그런데 이미 감염된 상처는 아무리 소독해도 근본적인 해결책이 되지 않았습니다. 환자의 상태에 맞게 적절한 치료를 할 수 있을 만큼 의학이 발전한 시대가 아니었기 때문이었어요.

'아…, 저 환자도 다리를 절단할 수밖에 없다니…….'

플레밍은 세균에 감염된 환자가 너무나 안타까웠습니다. 그리고 자신이 할 수 있는 일이 아무것도 없다는 사실에 힘이 빠졌어요. 하지만 외과 의사가 되기 위해 실습을 게을리하지 않았습니다. 병원을 개업해서 아픈 사람들을 돕고 싶다는 마음이 간절했거든요.

2년 뒤인 1906년, 플레밍은 드디어 의사가 되기 위한 마지막 시험에 합격하였습니다. 그러나 외과 의사가 되기 위해서는 외과 병동에서 수련을 더 쌓고 전문의 시험에 붙어야 했어요. 사람의 생명을 다루는 중요한 일을 하려면 연구와 실습이 필요했으니까요. 끝없는 공부와 수련의 연속이었지요.

그러던 어느 날, 플레밍이 환자를 치료하고 있는데 의대 선배가 찾아왔습니다.

"플레밍, 환자 치료는 잘 되고 있나? 소감이 어때?"

"실망스러워요. 제가 의사인데도 환자를 위해 할 수 있는 일이 별로 없어요."

"그렇지? 하지만 의학이 발전하면 달라질 거야. 그땐 우리 의사들이 할 일이 많아질 걸세."

"빨리 그런 날이 왔으면 좋겠어요."

"그래서 하는 말인데, 지금 라이트 교수님의 연구실 조교 자리가 비어 있어. 자네만 괜찮다면 내가 추천해 주겠네."

선배 말을 들으니 라이트 교수님의 세균학 수업이 떠올랐습니다. 라이트 교수님은 환자를 치료하는 것도 중요하지만, 무엇보다 병을 미리 막을 수 있는 예방이 필요하다고 강조하곤 하셨습니다.

'라이트 교수님과 함께 연구하면 새로운 치료 방법을 찾을지도 몰라. 그렇게 되면 세균 감염 환자들이 더 이상 고통받지 않겠지!'

플레밍은 자신이 느꼈던 한계를 해결할 수 있을지 모른다는 기대가 생겼습니다. 매일매일 외과 전문의 수련으로 바빴지만,

라이트 교수님의 연구를 돕고 싶다는 생각이 들었어요.

"선배! 제가 해 볼게요!"

"잘 생각했어. 자넨 똑똑하니까 분명 의학 발전을 위해 큰일을 할 거야."

플레밍은 외과 병동 일과 조교 업무를 병행하기로 했습니다. 세인트메리병원의 연구실 조교가 되어 라이트 교수님의 연구를 돕게 된 것이지요. 라이트 교수 연구실에서는 백신 예방 주사가 사람들에게 어떤 영향을 미치는지 연구하고, 또 면역력을 높이는 다양한 방법들을 시도하고 있었습니다.

'제대로 찾아왔구나. 여기서 하는 연구가 환자들의 치료에 도움이 될 거야. 열심히 해야지!'

꼼꼼하고 차분한 플레밍에게 연구실 일은 적성에 딱 맞았습니다. 아주 적은 양의 물질을 추출하는 일도 손쉽게 해낼 뿐만 아니라, 여러 개의 혈액 표본을 비교해서 기록하는 일도 누구보다 정확했습니다. 해야 할 일이 많은데도 플레밍의 얼굴에는 늘 생기가 돌았습니다.

"플레밍, 자네가 백신 주사를 놓은 쥐의 상태는 어떤가?"

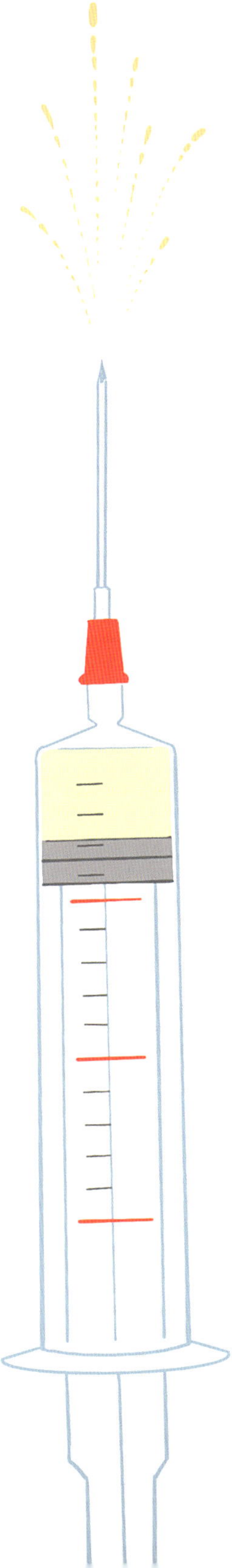

"관찰 결과 이상 무! 아무 이상 없습니다."

플레밍의 대답에 라이트 교수님과 연구원들이 함박웃음을 터뜨렸습니다. 연구실 분위기가 한결 밝아진 거 같았습니다. 플레밍은 웃으며 일하게 된 것이 무척 기뻤습니다.

라이트 교수 연구실에선 실험용 쥐에게 백신 주사를 놓는 일이 일상이었습니다. 때로는 연구원들이 돌아가면서 백신을 맞는 생체 실험도 진행됐지요.

"이번에도 제가 주사를 맞을게요. 교수님 실험에 도움이 된다면 기꺼이 실험용 쥐가 되겠습니다!"

"또 플레밍 자네인가? 아무래도 쥐가 친구라고 하겠는걸?"

플레밍은 몇 번이고 백신을 더 맞겠다고 나섰습니다. 이렇게 적극적인 자세로 연구하는 플레밍을 싫어할 사람은 아무도 없었어요. 그는 모두와 금방 친해졌고 라이트 교수님에게도 가장 인정받는 연구원이 되었습니다.

"이런, 벌써 환자에게 가 봐야 할 시간이네. 빨리 뛰어가야지."

플레밍은 시간을 쪼개서 외과 병동과 연구실을 오고 갔습니다. 환자의 소독 시간이 되면 바쁘게 병동으로 옮겨갔고, 병동에서의 일이 끝나면 곧바로 연구실로 달려왔습니다.

"플레밍! 환자 치료하다 자네가 병에 걸리겠어. 쉬엄쉬엄해."

모두 플레밍을 걱정할 정도였습니다. 물론 쉽지 않고 피곤한 일이었지만, 플레밍에게는 외과 의사가 되어 병원을 열겠다는 꿈이 있었습니다. 그러니 게으름을 피울 수 없었지요.

1909년 6월, 드디어 플레밍은 외과 전문의 시험에 합격하였습니다.

"알렉산더, 축하한다. 이젠 너의 병원을 열도록 해. 내가 도와줄게."

톰 형은 플레밍이 본격적으로 환자를 치료해야 한다고 했습니다. 하지만 플레밍의 생각은 달랐습니다. 지금 하는 연구가 더 많은 사람을 치료하게 될 거라고 믿었거든요.

"외과 의사가 연구만 하겠다고? 좀 더 생각해 보는 게 어때?"

"나는 지금 하는 일이 참 좋아. 연구하면 할수록 기대가 되거든. 더 많은 환자를 치료할 수 있을 거 같아서 말이야."

"네 생각이 그렇다면 그렇게 해. 넌 분명히 그 일도 잘할 거야."

톰 형은 플레밍의 마음을 이해하고 격려했습니다. 형의 응원에 힘이 난 플레밍은 더 열심히 연구에 집중할 수 있었습니다.

빛나는 실수

'열심히 연구하다 보면 환자들의 병을 해결할 수 있겠지!'

플레밍은 희망을 품고 여러 가지 실험을 반복했습니다. 끊임없이 연구하고 실험하는 것이야말로 환자들을 질병으로부터 보호하는 일이라고 생각했기 때문이었습니다. 밤늦도록 병의 원인을 찾아내려고 애쓰다가 병에 걸릴 때도 있었지만, 플레밍의 의지를 꺾지는 못했습니다. 그러던 중 당연하다고 생각한 일상적인 평화가 깨지고 말았습니다.

1914년 7월, 제1차 세계 대전이 발발한 것입니다. 독일 군대가 진격하자, 많은 의료진과 학자들이 프랑스의 야전 병원에 파견되었습니다. 플레밍도 라이트 교수님과 함께 합류했지요.

야전 병원에는 매일 부상당한 군인들이 병원으로 실려 왔습니다. 병상에 누워 있는 환자들은 전부 군인들로, 세균에 감염된 이들도 많았습니다. 전쟁 통에 제대로 먹지도, 씻지도 못했으니 면역력이 떨어질 대로 떨어진 상태였습니다. 그러니 세균에 감염되기 너무나 쉬웠지요. 상처가 덧나서 팔과 다리를 절단해야 하는 경우도 생겼습니다. 심지어 목숨을 잃는 안타까운 일도 벌어졌습니다.

"선생님! 저 좀 봐 주세요!"

"선생님! 저부터 치료해 주세요! 아파서 견딜 수가 없어요!"

침대에 누워서 외치는 환자들은 누구나 할 것 없이 모두 고통스러워 보였습니다. 하지만 특별한 치료법이 없었습니다. 세균에 감염된 상처를 소독하는 것만이 전부였지요. 그런데 소독약으로 상처를 아무리 닦아 내도 소용없는 일이었어요. 이미 감염된 곳은 계속 썩어 가고 있었거든요.

“라이트 교수님, 아무래도 소독약이 문제인 거 같아요. 상처를 더 악화시키고 있으니 말이에요.”

“분명 실험실에서는 완벽하게 세균을 죽였잖는가? 그런데 왜 현장에서는 그렇지 않지? 우리가 그 이유를 알아냅시다.”

라이트 교수님과 플레밍, 연구진들은 소독약이 왜 효과가 없는지 연구하기 시작했습니다. 그리고 얼마 지나지 않아 그 이유를 밝혀냈습니다. 소독약을 안 쓴 상처의 혈액엔 백혈구가 가득했는데, 소독약을 쓴 상처의 혈액엔 백혈구가 죽어 있었던 것입니다. 당시 소독약이었던 페놀은 인체에 사용하기 알맞지 않았습니다. 석탄 폐기물에서 나온 것이라서 너무 독했던 탓이지요. 멀쩡한 피부까지 상하게 할 정도였으니까요. 하지만 그때는 그런 사실을 몰랐던 것입니다.

‘아! 소독약이 세균도 죽이지만, 세균을 막아 내는 백혈구도 공격하는구나. 그러니까 상처가 쉽게 낫지 않는 거야. 우리 몸을

보호해 주는 백혈구도 죽었으니까…….'

게다가 플레밍은 소독약이 상처 깊숙한 곳까지 스며들지 못한다는 것도 알아냈습니다. 연구진들은 기쁜 마음으로 군의관들에게 이 사실을 알렸습니다.

"앞으로는 감염된 상처에 소독약을 쓰지 말아야 합니다."

"라이트 교수, 말이 되는 소리를 하시오! 그럼 다친 병사들을 가만히 보고 있으란 말이오?"

"소금물로 상처를 깨끗이 씻어 낸 다음 붕대로 감싸면 돼요. 그러면 더 이상 세균이 침입하지 못할 겁니다. 백혈구가 싸울 수 있도록 환경을 만들어 줘야 합니다."

"말도 안 돼! 매일 연구실에만 있는 당신들이 뭘 알겠소? 다친 병사들이 우리만 보고 있는데 백혈구가 치료해 줄 테니 기다리라고 하란 말이오?"

군의관들은 거세게 항의했습니다. 소독약으로 상처를 깨끗하게 소독하는 것은 오래된 치료 방법이었고, 그보다 낫다고 밝혀진 치료법이 없었으니까요.

"답답하시겠지만 생각을 바꾸셔야 합니다. 소독약으로 깊은

상처를 치료할 수는 없어요. 소독약이 피부 속까지 스며들지 못한단 말입니다. 오히려 소독약으로 인해 상처가 덧날 수도 있다고요."

"상처를 소독하는 건 전통적인 치료법이요. 당신들이 뭐라고 하든 우리는 우리 방식대로 하겠소. 상처를 소독해 세균을 죽이겠단 말이요. 전쟁터에서 벌어지는 일은 우리가 당신들보다 더 많이 알고 있으니 그런 줄 아시오."

군의관들은 뜻을 굽히지 않았습니다.

플레밍은 그들을 설득하고 싶었지만 결국 실패로 돌아갔습니다. 상처에 소독약을 쓰는 건 여전했고, 병사들은 계속 목숨을 잃었습니다. 눈앞에서 숨을 거두는 병사들을 보면서도 의사로서 치료할 방법이 없다는 사실이 고통스러웠습니다. 병원 실습할 때와 마찬가지인 상황에 플레밍은 힘들었습니다. 하지만 병상에 누워 있는 부상병들을 보며 다시 용기를 냈습니다.

'백혈구는 죽이지 않고 세균만 없애는 방법을 꼭 찾아내고야 말겠어!'

플레밍은 몇 번이고 다짐했습니다. 하지만 또 다른 문제가 생기고 말았습니다. 1918년, 전 세계적으로 유행한 독감이 전쟁터를 휩쓸고 지나갔기 때문입니다. 전투로 죽는 병사보다 독감에 걸려 죽는 병사들이 더 많았을 정도였습니다. 전쟁은 막바지에 이르렀는데, 병사들은 여러 가지 이유로 죽어 가고 있었습니다.

'독감의 원인도 분명 세균이야. 빨리 독감 세균을 치료하는 방법을 찾아야 할 텐데…….'

플레밍은 밤낮으로 연구에 연구를 거듭했습니다. 그런데 독감은 세균보다 훨씬 작은 바이러스에 의해 감염되는 것이었습니다. 다만 그 사실을 당시에는 몰랐던 것이지요.

드디어 1918년 11월 11일, 독일이 연합군에게 항복했습니다. 마침내 제1차 세계 대전이 끝난 것입니다. 두 달 뒤, 플레밍은 다시 영국의 세인트메리병원으로 돌아왔습니다.

'전쟁이 끝나고 나니 모든 게 평화롭군.'

플레밍은 소중한 일상의 행복을 느끼며 하루하루를 보냈습니다. 전쟁이 끝나고 나니 푸른 하늘을 보는 것도, 정원을 손질하는 것도 모두 즐겁고 소중하게 느껴졌지요. 아주 사소한 것들도 플레밍을 설레게 했습니다.

전쟁 중이었던 1915년 12월, 플레밍은 간호사 출신의 세라 마켄로이와 결혼했지만 전쟁으로 인해 함께 지낼 수 없었어요. 전쟁이 끝나고서야 두 사람은 평범한 가정생활을 할 수 있게 되었습니다. 그러면서도 플레밍은 자주 전쟁터에서의 다짐을 되새겼습니다.

"여보, 우리는 참 많은 이들의 희생으로 이런 복된 생활을 누리게 되었소. 나는 세균에 감염되어 죽어 간 그들을 평생 잊지 않을 거요. 그들을 위해서라도 반드시 세균만을 죽이는 방법을 찾아내겠소."

"그래요, 당신은 할 수 있어요. 난 당신을 믿어요."

아내의 격려는 플레밍에게 큰 힘이 되었습니다. 그런데 아무리 열심히 해도 좀처럼 연구 성과는 나타나지 않았습니다.

'후유, 2년이 넘었는데도 아직 제자리걸음인 것 같군…….'

그렇게 시간은 흘러갔습니다.

'아직 이렇다 할 연구 결과는 없지만, 세균과의 전쟁을 멈출 수는 없지!'

플레밍은 스스로 격려하며 힘을 냈습니다. 실험을 거듭할수록 연구 결과도 차곡차곡 쌓였지요.

1921년 11월, 우연은 한순간 찾아왔습니다.

"에취, 훌쩍, 기침에 콧물까지, 진짜 힘드네."

"교수님이 계속 무리하시니까 감기가 낫질 않죠. 그만 들어가 쉬세요."

"그래야겠어. 어이쿠, 이런 실수를!"

감기에 걸려 코를 훌쩍이던 플레밍이 배양 접시에 콧물을 흘리고 말았습니다.

"배양 접시는 나중에 내가 치울 테니 그냥 두게나."

다음 날 배양 접시를 치워야겠다고 생각한 플레밍은 그 사실을 까맣게 잊어버렸습니다. 며칠 후, 배양 접시를 한꺼번에 씻기 위해 준비하던 플레밍은 깜짝 놀랐습니다. 어릴 때부터 관찰력이 뛰어났던 플레밍은 항상 배양 접시를 씻기 전에 한 번 더 꼼꼼히 살펴보는 버릇이 있었는데, 며칠 전에 콧물을 흘렸던 배양 접시가 평소와 달랐던 것입니다.

"다들 이 배양 접시 좀 보게! 며칠 전에 내 콧물이 떨어졌는데,

그 주변에만 세균이 배양되지 않았어!"

"교수님! 정말이네요!"

"내 콧물 속에 세균 배양을 막는 물질이 있는 게 아닐까? 다들 배양 접시에 콧물을 떨어뜨려 주겠나?"

플레밍은 연구원들의 콧물을 받아 다시 실험했습니다. 며칠 뒤, 똑같은 결과가 나왔습니다. 연구원들의 콧물이 떨어진 주변에도 세균이 자라지 않은 것이지요.

"자네들, 이번엔 배양 접시에 눈물과 침을 떨어뜨려 보게나."

예상치 못했던 발견에 플레밍은 신이 났습니다. 연구원들의 체액을 모으는 것으로는 모자라 연구실을 방문하는 지인들에게도 임무를 주었습니다. 플레밍의 연구실에 들어오는 사람들은 눈물을 흘려야 한다는 것이었습니다.

"아니, 플레밍 교수. 갑자기 눈물을 흘리라니? 그게 어디 내 맘대로 되는 일인가?"

"그렇다면 방법이 있지."

플레밍은 눈물을 흘리지 못하는 사람들에게는 레몬즙을 뿌리기까지 했습니다. 그렇게 모은 눈물들은 모두 플레밍의 실험에 쓰였습니다. 놀랍게도 결과는 같았습니다. 사람의 체액에 세균과 싸우는 성분이 있다는 것을 알아낸 것입니다. 플레밍은 이 연구 결과를 가지고 더 많은 것들을 실험했습니다.

'체액의 어떤 성분에서 이런 일이 생기는 걸까? 가슴이 두근거려 잠을 잘 수가 없군.'

몇 주 뒤, 연구를 정리해 보니 이 성분은 콧물과 눈물 등 체액뿐만 아니라 우리 몸 곳곳에서 발견됐습니다. 사람의 몸에 항생 물질이 있었던 것입니다. 플레밍은 자연적으로 생기는 이 물질에 '리소자임'이라는 이름을 붙이고 학계에 발표했습니다. 백혈구 외에도 우리 몸 스스로가 세균을 방어하는 능력이 있다는 것을 증명한 것이지요. 리소자임은 의학계 최초의 발견이었습니다.

"하지만 안타깝게도 리소자임은 치료 효과가 매우 낮습니다."

"그렇다면 약으로 쓸 수 없다는 말인가? 그럼 쓸모가 없겠군."

"그러게요. 의학계 최초의 발견이라고 해서 잔뜩 기대했는데 획기적인 건 아니군요."

과학자들은 플레밍의 발표에 더 이상 관심을 가지지 않았어요. 하지만 플레밍은 리소자임을 이용한 연구를 멈추지 않았습니다.

푸른곰팡이의 놀라운 힘

1928년, 플레밍은 런던대학교의 세균학 교수가 되었습니다. 자신이 존경하던 스승 라이트 교수처럼 학생들에게 백신 연구의 중요성을 알렸지요. 그뿐만 아니라 연구자로서 기본 자세를 강조했습니다.

"여러분도 알고 있겠지만 우리 몸속의 리소자임은 세균을 없앨 수 있습니다. 하지만 아쉽게도 심각한 질병을 일으키는 강한 세균은 물리치지 못합니다."

"교수님, 그럼 어떻게 해야 세균과의 전쟁에서 이길 수 있을까요?"

"가장 좋은 방법은 세균을 없애는 백신을 개발하는 것입니다. 그렇게만 된다면 많은 질병이 사라지겠지요."

"빨리 그런 날이 왔으면 좋겠어요."

"그러려면 여러분이 아주 작은 것도 주의 깊게 관찰해야 합니다. 대충대충 넘어가면 기회를 놓치게 될 것입니다."

학생들에게 하는 말은 플레밍 자신에게 하는 말이기도 했습니다.

그러던 어느 날, 행운은 또 우연의 모습으로 찾아왔습니다. 그해 9월, 모처럼 즐겁게 여름휴가를 보내고 돌아온 플레밍은 배양 접시부터 살폈습니다. 연구를 위해 종기나 폐렴의 원인이 되는 포도상구균을 배양해 놓았기 때문입니다.

"쯧쯧, 내가 큰 실수를 했어. 배양 접시 뚜껑 닫는 걸 깜빡했지 뭔가."

그런데 플레밍은 배양 접시를 자세히 살피다가 흥분한 듯 연구원들을 불러 모았습니다.

"다들 이리 와 보게! 어서!"

"교수님 왜 그러세요?"

"이것 좀 보게! 다른 배양 접시에는 포도상구균이 잔뜩 있는데, 이 녹색으로 가득 찬 접시 좀 보게. 푸른곰팡이 주위에는 포도상구균이 없네. 푸른곰팡이가 포도상구균을 물리치다니!"

밖을 떠다니던 푸른곰팡이 균이 열린 창문을 통해 들어와 포도상구균의 배양접시에 내려앉은 것 같았습니다. 때마침 아래층 연구실에서 푸른곰팡이를 배양하고 있었는데, 그중 하나가 바람에 실려 온 것이 분명합니다.

'내가 배양 접시의 뚜껑을 닫았다면, 아니 창문이 닫혀 있었다면, 그때 공기 중에 푸른곰팡이가 떠다니지 않았다면, 이 중 하나만 어긋났더라도…….'

플레밍은 자신의 행운에 감사했습니다. 푸른곰팡이는 그 종류만 해도 수백 가지가 넘는데, 포도상구균을 없애는 조건에 딱 맞는 게 날아왔으니 말입니다. 그 뒤, 플레밍은 새로 푸른곰팡이를 키우고 그 옆에 포도상구균을 자라게 했습니다. 며칠 뒤, 놀랍게도 같은 결과가 나왔습니다. 푸른곰팡이에서 나오는 어떤 물질이 포도상구균을 꼼짝 못 하게 하는 게 분명했어요. 우연히 발견된 현상이 확신 찬 이론으로 바뀌었습니다. 당연히 다음은 실험해 볼 단계가 였지요.

"이제는 푸른곰팡이가 다른 세균에도 효과가 있는지 실험해 보세."

플레밍과 연구진은 같은 실험을 계속 되풀이했습니다. 그 결과 푸른곰팡이에서 나오는 물질이 뇌수막염과 디프테리아를 일으키는 세균에도 효과가 있다는 것을 알게 되었습니다. 그 밖에도 폐렴, 패혈증, 류머티즘열 등의 병균을 없애는 능력까지 있었습니다.

"와! 교수님, 이거 대단한데요? 장티푸스와 대장균만 빼고 대부분의 세균을 꼼짝 못 하게 만들어요. 이 행운의 항균 물질을 뭐라고 하실 거예요?"

"음, 푸른곰팡이의 학명이 '페니실륨 노타튬'이니까 '페니실린'이라고 하면 어떨까? 페니실륨에서 얻은 물질이니까 말일세."

플레밍은 리소자임이나 일반 소독약보다 훨씬 안전하고 강한 새로운 항생 물질에 페니실린이라는 이름을 붙여 주었습니다.

"이제 건강한 쥐와 건강한 토끼에게 페니실린을 주사할 차례야. 부작용이 일어나는지 확인해 보세."

"교수님! 성공이에요! 얘네들 아무 이상이 없어요!"

실험 결과, 쥐는 별 탈 없이 지냈습니다. 토끼도 마찬가지였지요. 건강한 동물에겐 페니실린이 아무런 해를 끼치지 않았던 것입니다.

"정말 대단한 결과야! 이제 남은 건 임상 실험이군. 자, 조금만 더 힘을 냅시다!"

확신이 선 플레밍은 페니실린이 사람에게도 안전할 거라고 믿었습니다.

"먼저 다리를 절단한 환자에게 페니실린을 써 봅시다."

그 환자의 상처 부위는 곪아서 고름이 꽉 차 있었습니다. 시간이 지나면 패혈증으로 발전해 목숨까지 잃을 수 있는 상황이었지요. 플레밍은 페니실린을 붕대에 묻힌 다음 환자의 상처를 감쌌습니다. 하지만 환자를 살리지는 못했습니다. 결국 임상 실험은 실패하고 말았습니다. 사용한 페니실린의 양이 적었을 뿐만 아니라 그 당시에는 알지 못했지만, 페니실린을 직접 상처에 대는 것은 좋은 방법이 아니었기 때문입니다.

'페니실린이 약이 되려면 항균 부분과 나머지를 분리해야 되는데……. 그러려면 뭔가 획기적인 방법이 필요해. 꽤나 어려운 일이군."

플레밍은 연구실에서도 집에서도 고민하고 또 고민했습니다.

1929년, 플레밍은 런던 의학연구회에서 그동안 연구한 페니실린에 대해 발표했습니다.

"와! 드디어 플레밍 교수님이 해냈군요. 대단해요. 그런데 임상 실험까지 성공했나요?"

"아직은 동물 실험에서만 성공했습니다. 사실 페니실린은 너무도 민감한 물질이에요. 페니실린을 사람에게 직접 주사하려면 불순물을 없애야 하는데, 그 과정에서 여지없이 세균을 죽이는 힘을 잃고 말아요."

"아직 그런 단계라고요? 그럼 약으로 만들려면 아직도 멀었네요."

처음에 흥미를 보이던 과학자들의 반응은 미지근했습니다. 플레밍이 페니실린의 효과를 충분히 증명하지 못했기 때문이지요. 페니실린이 인정받으려면 더 많은 실험이 필요한 상황이었습니다.

그 뒤 플레밍은 페니실린에 대해 알아낸 내용으로 '푸른곰팡이 배양균의 항균성 활동에 대하여'라는 제목의 논문을 썼습니다. 그것은 영국의 잡지 〈실험 병리학〉에 실렸지요. 플레밍은 논문에서 페니실린이 세균에 의해 감염된 상처에 효과적인 소독제가 될 수 있을 것이라는 의견을 냈습니다. 하지만 그 내용을 읽은 사람도 관심을 가지는 사람도 별로 없었습니다.

'하루빨리 페니실린으로 치료약을 만들어야 해. 그래야 아픈 사람들을 도울 수 있지.'

플레밍은 틈틈이 세균을 죽일 수 있는 곰팡이가 또 있는지도 실험했습니다. 그래서 연구실에 곰팡이가 핀 물건들을 잔뜩 가져오기도 했지요. 연구원들은 이제 손사래를 치기 시작했습니다.

"교수님! 제발 곰팡이 핀 쓰레기 좀 그만 들고 오세요!"

"새로운 발견이 될 수도 있는데 쓰레기라니! 우리 이것도 실험해 보세."

플레밍은 연구자의 기본 자세를 강조했습니다. 그러자 연구원들은 더 이상 불평하지 않고 곰팡이들이 세균을 없애는 능력이 있는지 실험했습니다. 하지만 별다를 게 없었습니다. 결국 페니실린이 가장 효과적인 물질이었지만, 불순물 없애는 방법을 찾지 못한다면 '그림의 떡'이 되고 말 터였습니다.

"교수님, 페니실린은 너무 예민해요. 조금만 건드려도 쉽게

효능을 잃어버릴 정도로요."

"그렇다고 포기할 순 없다네."

계속된 실패로 플레밍과 연구원들은 사기를 잃어 갔습니다.

'처음 페니실린을 발견했을 때만 해도 세상을 다 얻은 것 같았는데……. 페니실린을 정제하지 못하면 세균과의 전쟁은 끝나지 않아. 정말 답답하군!'

플레밍과 연구원들은 오랜 시간 페니실린을 치료 약으로 만들기 위해 노력했습니다. 하지만 쉬운 일이 아니었습니다. 페니실린 정제 기술도 모자랄 뿐만 아니라 생화학에 대한 전문적인 지식이 없었기 때문입니다. 게다가 플레밍이 속한 학과에서는 주로 백신을 연구하고 개발하는 일에 집중하고 있었으니, 동료들의 도움을 받을 수도 없었습니다. 결국 플레밍은 페니실린을 약으로 만들지도 못하고, 환자를 치료할 만큼 페니실린을 넉넉하게 정제할 방법도 알아내지 못했습니다.

예상과 다른 결과가 이어지자, 플레밍은 누구든 페니실린을 연구할 수 있도록 푸른곰팡이를 충분히 준비해 두었습니다.

"교수님, 그러다가 다른 사람들이 먼저 페니실린 정제법을 알아내면 어쩌지요?"

"그럼 좋은 일이지. 꼭 우리만 성공하겠다는 생각은 버리자고. 누구라도 페니실린 정제에 성공한다면 기쁜 일이지. 그만큼 환자들이 빨리 병에서 해방될 테니 말이야."

플레밍은 진심으로 그렇게 생각했습니다. 자신의 영광보다 하루빨리 인류

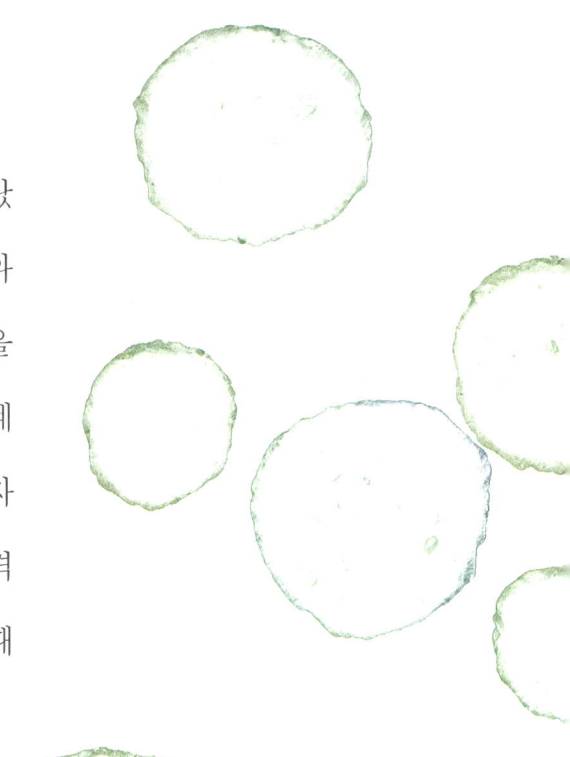

가 질병의 고통에서 벗어나길 바랐습니다. 그러고는 페니실린 연구와 함께 폐렴에 효과가 있다는 물질을 연구하기 시작했어요. 그동안 세계 여러 연구소에서는 페니실린을 자신들의 연구에 이용했습니다. 성격이 다른 세균들이 한곳에 있을 때

그들을 쉽게 분리하는 용도로 사용한 것이지요. 여러 종류의 세균들과 페니실린을 함께 넣으면 페니실린이 죽이지 못한 세균들만 남게 되니까요. 이렇게 페니실린은 원하지 않는 세균을 없애는 하나의 도구로 쓰였지만 그 치료 효과는 10년 동안 드러나지 않고 묻혀 있었습니다.

인류를 위한 최고의 선물

1938년, 옥스퍼드대학교 병리학부 연구실에서도 인체에 해롭지 않은 새로운 항생 물질을 찾기 시작했습니다. 오스트리아 출신의 하워드 플로리 교수가 연구팀을 이끌었고, 독일 출신의 에른스트 체인 박사도 연구에 합류했지요. 체인 박사는 나치의 박해를 피해 영국으로 온 유대인 과학자였습니다.

두 사람은 플레밍의 논문을 흥미롭게 읽고 자세히 검토했습니다. 그런 다음 본격적으로 페니실린 연구를 시작했어요. 우유통이나 레모네이드 병을 비롯해 환자용 변기 등 여러 곳에서 푸른곰팡이를 배양해 페니실린을 얻었습니다. 하지만 이들도 플레밍과 비슷한 단계에서 번번이 실패를 맛보았습니다. 페니실린을 정제하려고 하면 세균을 죽이는 힘이 사라지는 것이었습니다. 그러나 이들에겐 옥스퍼드라는 든든한 배경이 있었습니다. 훌륭한 연구원들을 더 모집하고, 넉넉한 자금으로 연구를 이어 가니 조금씩 희망이 보였습니다.

1939년, 연구에 연구를 거듭한 결과 옥스퍼드대학 연구팀은 마침내 페니실린에서 불순물을 제거하는 실험에 성공했습니다. 플레밍의 페니실린에 대한 논문을 참고로 해서 이뤄 낸 성과였습니다. 곧이어 플로리 교수와 체인 박사는 동물 실험 단계로 넘어갔습니다. 세균에 감염된 실험용 쥐 여덟 마리 중에서 네 마리에게만 페니실린을 주사했지요. 결과는 놀라웠습니다. 페니실린 주사를 맞은 네 마리만 건강하게 살아남았기 때문입니다. 이 실험을 반복해서 똑같은 결과가 나오자 플로리 교수와 체인 박사는 이 사실을 의학 잡지에 발표했습니다.

"잠깐만! 이거 페니실린이잖아? 세균에 감염된 동물을 치료하다니! 드디어 성공했군!"

플레밍은 플로리 교수와 체인 박사의 논문을 보고 너무 기뻐 크게 소리쳤습니다. 그리고 바로 옥스퍼드대학의 연구팀을 찾아갔지요.

“축하합니다. 정말 대단해요. 그리고 고맙습니다.”

“이게 다 플레밍 교수님 덕분입니다. 교수님의 연구가 없었다면 저희의 작업도 없었을 거예요. 오히려 저희가 감사드려야지요.”

‘이제 인체 실험만 성공한다면 페니실린을 약으로 만드는 것도 문제없겠군.’

플레밍은 자신이 바라던 일이 눈앞으로 다가온 것 같아서 가슴이 뛰었습니다.

‘인체 실험을 위해선 충분한 양의 페니실린이 필요해. 그렇다면…….’

연구실로 돌아온 플레밍은 보관하고 있던 푸른곰팡이들을 추렸습니다. 그리고 옥스퍼드 대학의 연구팀에게 보냈지요. 도움을 주고 싶었던 것입니다. 덕분에 옥스퍼드 연구팀은 한 사람을 치료할 만큼 충분한 양의 페니실린을 정제해 냈습니다.

그뿐 아니라 페니실린을 정제하고 만들어 낼 수 있는 화학 기술도 발명했습니다.

1941년, 드디어 플로리와 체인은 인체 실험을 시작했습니다. 급성 패혈증 환자에게 페니실린을 세 시간 간격으로 주사하고 환자의 상태를 살폈지요. 하루가 지나자, 환자의 병세가 눈에 띄게 좋아졌습니다. 하지만 페니실린의 양이 턱없이 부족했어요. 페니실린은 몸속에 오래 머물지 않아 자주 주사해야 했는데, 급성 패혈증 환자를 치료하기엔 충분하지 않았던 것입니다. 플로리와 체인은 적은 양으로도 치료할 수 있는 어린이 환자에게 페니실린을 주사했습니다. 결과는 성공적이었습니다.

"교수님! 플레밍 교수님!"

"무슨 일인데 그래? 숨 좀 돌리고 말하게."

"드디어 인체 실험에 성공했다고 합니다! 수술 뒤 감염된 어린이 환자였답니다. 그 뒤로도 여섯 명의 환자가 페니실린 주사를 맞고 건강해졌대요."

"그게 정말인가? 기쁜 소식 전해 줘서 고맙네!"

"그런데 저희가 성공했다면 좋았을 텐데 아쉽네요."

"그런 생각하지 말게. 우리가 못한 것을 대신했으니 고마워 해야지."

플레밍은 아쉬워하는 연구원을 달래면서 페니실린의 발전에 진심으로 환호하였습니다. 믿을 수 없을 만큼 놀랍기만 했지요. 그러던 어느 날, 플레밍의 친구인 램버트가 뇌척수막염에 걸려 입원하는 일이 벌어졌습니다. 램버트의 상태는 갈수록 나빠져만 갔습니다. 플레밍은 친구의 병을 꼭 낫게 하고 싶었어요.

'페니실린으로 치료해 보자. 플로리 교수에게 연락해야겠어.'

폴로리 교수는 정제한 페니실린 모두를 흔쾌히 보내 주었습니다. 연구를 도와준 플레밍에게 조금이라도 보답하고 싶었던 것입니다.

"램버트, 너무 걱정하지 말게. 곧 회복할 테니 말이야."

플레밍이 램버트에게 페니실린을 주사하자, 상태가 점점 호전되었지요. 그런데 얼마 지나지 않아 램버트의 증세가 다시 나빠졌습니다. 이번엔 페니실린의 양이 부족해서가 아니었습니다.

'페니실린이 뼛속까지 들어가지 못하는구나. 그렇다면 뼈에 직접 페니실린을 주사할 수밖에 없는데…….'

플레밍은 마지막 가능성에 희망을 걸어 보기로 했습니다.

'그런데 뼈에 직접 페니실린 주사를 놓는 게 안전할까? 그렇지만 램버트를 살릴 방법은 이것뿐이야.'

다행히 결과는 만족스러웠습니다. 램버트가 다시 건강을 되찾은 것입니다. 정부의 고위 관리였던 램버트는 페니실린 위원회를 조직했고, 페니실린의 효과는 더욱 널리 알려지게 되었지요.

이로써 플레밍은 페니실린을 처음 발견한 사람으로 1944년 〈타임〉 잡지의 표지에 실리기도 했습니다.

이제 남은 과제는 페니실린을 많이 생산하는 것뿐이었어요. 플로리 교수와 체인 박사가 페니실린을 대량 생산하는 방법을 알아냈지만, 걸림돌이 있었어요. 1939년부터 시작된 제2차 세계 대전으로 세상이 전쟁의 소용돌이에 휩싸여 있었기 때문이지요. 부상병들을 치료하기 위해서도 페니실린이 꼭 필요한 상황이었습니다.

플로리 교수와 체인 박사는 여러 곳에 연구에 필요한 자금과 연구 장비, 그리고 연구 인력을 보조해 달라고 요청했습니다. 다행히 미국의 록펠러 재단에서 연구를 지원하겠다는 연락이 왔습니다. 드디어 새로운 항생 물질의 대량 생산이 코앞으로 다가온 것입니다.

1942년 말, 미국 일리노이주의 페니실린 인공 합성 공장에서 막대한 양의 페니실린이 생산되었습니다. 덕분에 전쟁 중에 다친 수많은 부상병의 목숨을 살릴 수 있었어요. 마침내 플레밍의 꿈이 이뤄진 것입니다.

'내가 잘한 건 아무리 작은 일이라도 유심히 관찰했다는 거야. 그리고 맡은 일에 충실했다는 거고. 그뿐이야……'

플레밍은 사람들에게 영웅으로 대접받았지만 뽐내지 않고 늘 겸손했습니다. 대수롭지 않게 여기는 곰팡이에서 세균을 죽이는 놀라운 물질을 발견한 것이 꿈만 같았지요. 인류를 질병의 고통에서 구한 페니실린은 기적의 명약이 되었습니다.

그 이후에 세계 과학자들은 또 다른 항생 물질을 찾기 위해 노력했습니다. 페니실린의 성공을 새로운 도전의 계기로 삼은 것이지요. 그 결과 여러 종류의 항생 물질이 개발되었습니다. 예를 들면 토양 속의 미생물에서 스트렙토마이신이라는 새로운 항생 물질을 얻기도 했습니다. 이렇게 발견된 항생 물질들은 여러 형태로 사용되었지요. 때로는 알약으로, 주사로, 어떤 경우에는 연고로 쓰였습니다. 이런 항생제 덕분에 세계적으로 셀 수 없이 많은 사람이 생명을 구할 수 있었습니다.

페니실린의 최초 발견자인 플레밍은 1943년에 영국 왕립 학회 회원으로 뽑혔고, 1944년에는 국왕으로부터 귀족 칭호를 받았습니다. 뒤이어 1945년에는 플로리, 체인과 함께 공동으로 노벨 생리·의학상 수상자가 되었습니다. 플로리와 체인도 페니실린을 대량 생산한 공로를 인정받은 것이지요.

그 뒤로 플레밍은 세계 곳곳을 돌면서 페니실린과 세균에 대해 강연했습니다.

"페니실린은 제가 아니라 자연이 만든 것입니다. 저는 그것을 우연히 발견했을 뿐이지요. 그러나 준비하지 않은 사람에게 우연이라는 행운은 없습니다."

플레밍은 이곳저곳을 여행하면서도 계속 강연을 이어 갔습니다. 이제 병원에서는 크고 작은 상처에 페니실린을 사용했고, 사람들은 페니실린을 만병통치약으로 생각하게 되었어요. 그런데 플레밍은 그것이 걱정스러웠습니다.

"페니실린은 꼭 필요한 경우에만 써야 합니다. 그렇지 않으면 세균이 페니실린에 저항하는 힘을 기를 수도 있어요. 세균들은 살아 있는 생물이어서 시간이 지나면 환경에 적응하기 때문입니다."

기회가 있을 때마다 플레밍은 페니실린을 조심스럽게 사용해야 한다고 되풀이했습니다. 왜냐하면 항생제 내성이 걱정스러웠기

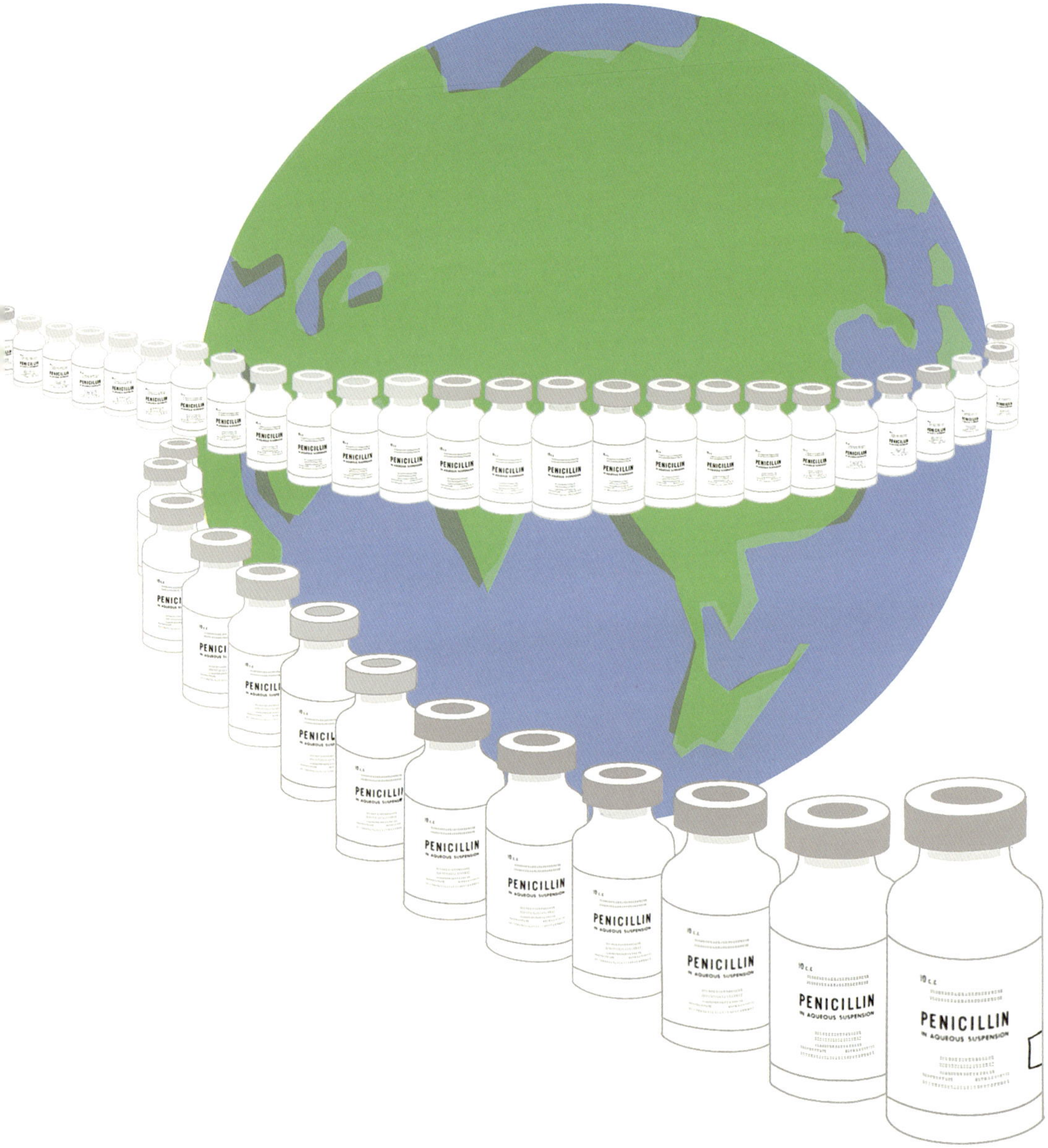
10 c.c
PENICILLIN
IN AQUEOUS SUSPENSION

때문이었지요. 아무리 좋은 약이어도 계속 사용하면 효과가 떨어지고, 심하면 건강을 해칠 수 있다는 것을 잘 알고 있었으니까요.

바쁜 일정으로 지친 플레밍은 고향에 머물면서 휴식을 취했습니다. 1949년 아내 세라가 먼저 세상을 떠나자 의욕을 잃었던 그는 연구를 시작하면서 다시 삶의 의지를 되찾을 수 있었어요. 그의 연구에 대한 열정은 슬픔도 조금씩 치유하는 것 같았지요.

'기회는 노력하는 사람에게 찾아오는 법이지. 연구하는 사람에게는 아주 작은 발견이라도 큰 보람이고말고!'

그런데, 연구에서 즐거움을 찾던 플레밍은 1955년 3월 11일 아쉽게도 심장 마비로 세상을 떠났습니다.

최초의 항생제 페니실린을 발견해서 수많은 사람의 목숨을 구한 알렉산더 플레밍! 인류의 평균 수명을 크게 늘리고 병을 치료하는 데 기여했는데도 항상 겸손한 모습을 보였던 알렉산더 플레밍.

플레밍이 연구하여 발견한 인류를 살리기 위한 항생제는 한때 빛을 보지 못하고 다른 연구자에게 영광이 돌아가는 듯했지만, 그는 시기하기보다는 응원하고 반겼습니다. 플레밍의 열정과 노력, 그리고 인내심의 산물인 위대한 발견과 함께 플레밍은 우리들의 마음속에 언제나 닮고 싶은 사람으로 남아 있을 것입니다.

이 시대를 빛낸 인물 시리즈 3

이호왕과 알렉산더 플레밍

초판 1쇄 인쇄 2023년 4월 12일
초판 1쇄 발행 2023년 4월 17일

글쓴이 엄예현
그린이 김태란
펴낸이 김옥희
펴낸곳 아주좋은날
교정교열 이지수
디자인 안은정
마케팅 양창우, 김혜경

출판등록 2004년 8월 5일 제16-3393호
주소 서울시 강남구 테헤란로 201, 501호
전화 (02) 557-2031
팩스 (02) 557-2032
홈페이지 www.appletreetales.com
블로그 http://blog.naver.com/appletales
페이스북 https://www.facebook.com/appletales
트위터 https://twitter.com/appletales1
인스타그램 @appletreetales, @애플트리태일즈

ISBN 979-11-92058-22-1 (74810)
ISBN 979-11-92058-15-3 (세트)

잘못 만들어진 책은 구입한 곳에서 바꿔드립니다.
값은 뒤표지에 표시되어 있습니다.

아주 좋은 날 은 애플트리태일즈의 실용·아동 전문 브랜드입니다.

어린이제품 안전특별법에 의한 기타 표시사항

품명 : 도서 | **제조 연월** : 2023년 4월 | **제조자명** : 애플트리태일즈 | **제조국** : 대한민국
사용연령 : 9세 이상 | **주소** : 서울시 강남구 테헤란로 201, 5층(02-557-2031)